Ulrike Budke-Grüneklee

Gottes Uhren gehen anders. 14 Predigten zum Kirchenjahr

Ulrike Budke-Grüneklee

Gottes Uhren gehen anders. 14 Predigten zum Kirchenjahr

Fromm Verlag

Impressum / Imprint
Bibliografische Information der Deutschen Nationalbibliothek: Die Deutsche Nationalbibliothek verzeichnet diese Publikation in der Deutschen Nationalbibliografie; detaillierte bibliografische Daten sind im Internet über http://dnb.d-nb.de abrufbar.

Bibliographic information published by the Deutsche Nationalbibliothek: The Deutsche Nationalbibliothek lists this publication in the Deutsche Nationalbibliografie; detailed bibliographic data are available in the Internet at http://dnb.d-nb.de.

Coverbild / Cover image: www.ingimage.com

Verlag / Publisher:
Fromm Verlag
ist ein Imprint der / is a trademark of
OmniScriptum GmbH & Co. KG
Heinrich-Böcking-Str. 6-8, 66121 Saarbrücken, Deutschland / Germany
Email: info@frommverlag.de

Herstellung: siehe letzte Seite /
Printed at: see last page
ISBN: 978-3-8416-0483-5

Für Wilhelm

Inhaltsverzeichnis:

Die Predigten wurden in der Trinitatis-Gemeinde in Hemmingen gehalten.

Mehr als eine Wahrheit … *Predigt zum 1. Advent*

Liebe Gemeinde! Wenn Kinder ihre Eltern zum Erzählen bringen wollen, stellen sie ihnen gern eine bestimmte Frage: Wie hat das alles bei euch angefangen – „früher"? Jetzt erzählt doch mal: Was war da alles, „früher", als ich noch nicht auf der Welt war? Und wie ist es so gekommen, dass ich dann auf die Welt gekommen bin? Die meisten Kinder finden es nicht nur spannend, *was* ihre Eltern dann erzählen, sondern auch, *wie* sie es erzählen! Die Liebesgeschichte des Vaters hat man vielleicht schon ein paar Mal gehört, aber an der Art, wie die Mutter seine Geschichte kommentiert, merkt man, ob das stimmt oder ob der Vater etwas dazu erfunden hat. Am besten ist es, wenn die Großeltern das Ganze aus ihrer Sicht ergänzen. Dann kann man als Kind das schöne Gefühl haben: Ich habe wirklich eine lange und wichtige Geschichte, die schon viele Jahre in die Vergangenheit zurückgeht, wie ein Baum mit tiefen Wurzeln. Und wenn dann noch die Freunde von Mutter und Vater kommen und davon berichten, wie sich die Eltern verwandelt haben, seit sie sich kennengelernt haben, da kann es dann passieren, dass die Kinder und die Eltern aus dem Staunen nicht mehr herauskommen und alle sich freuen, was für Wunder im Leben möglich sind.

Von den wirklich wichtigen Geschichten in unserm Leben gibt es immer mehr als eine einzige Version. Alles, was wirklich zählt in unserm Leben, spielen wir immer wieder durch, in Gedanken und in unserer Phantasie. Die Geschichte vom Kennenlernen und Sich-Verlieben, die Geschichte von der Geburt eines Kindes. Und auch die Geschichten von Krankheit und Tod. Entsprechend vielfältig sind dann unsere Geschichten - so bunt und wirr wie das Leben selbst. Nur Diktaturen kennen bereinigte Geschichten, in denen Menschen wortwörtlich nachbeten müssen, was ihnen vorgesagt wird - zum Schaden aller, die in ihnen leben müssen. Aber alle echten Lebensgeschichten setzen immer eine Erzählgemeinschaft voraus – da sind Menschen, die miteinander erzählend um den Kern ihrer Wahrheit kreisen.

So ist es mit der Geschichte Jesu auch. Wie Jesus auf die Welt gekommen ist – das wird uns im Neuen Testament gleich viermal erzählt. Und alle Geschichten klingen verschieden. Sie ergänzen und widersprechen sich, wie die Geschichten von Vater und Mutter und Großeltern. Deshalb sind sie aber nicht falsch oder erfunden. Jede erzählt ihren Teil der Wahrheit. Das merkt man besonders, wenn man den Anfang der Evangelien vergleicht. Sie geben uns vier verschiedene Antworten dafür, wie Jesus in die Welt gekommen ist.

Jesus ist der lang ersehnte Erbe einer langen jüdischen Vorgeschichte! So sieht es Matthäus, der viel Mühe darauf verwendet, den Stammbaum Jesu nachzuzeichnen. Er möchte beweisen, dass Jesus der Retter ist, auf den das Volk Israel so lange gewartet hat. Für seine Gemeinde, in der viele ehemalige Juden waren, war das eine wichtige Erkenntnis. Da ist etwas in Erfüllung gegangen, auf das wir lange gewartet haben, das wir erhofft und ersehnt haben, und darum ist die Geschichte vom Kind in Bethlehem auch unsere Geschichte!

Bei Markus klingt es ganz anders. Der erste Satz heißt, etwas spröde: „Das ist der Anfang des Evangeliums von Jesus Christus, dem Sohn Gottes“. Da steht nichts über den Stammbaum Jesu, auch nichts über eine Krippe im Stall von Bethlehem oder Weise aus dem Morgenland, die sich auf den Weg machen. Das erste, was man über Jesus erfährt, ist, dass er von Johannes dem Täufer im Jordan getauft worden ist und dabei seine Berufung zum „Sohn Gottes“ erfahren hat. „Sohn Gottes“ heißt für Markus nicht unbedingt, dass Jesus ein Kind gewesen sein muss, das unter ganz besonderen Umständen auf die Welt gekommen ist. „Sohn Gottes“ heißt einfach, dass Jesus Gott nahe ist, und zwar näher als jeder andere Mensch, sozusagen gleichen Ursprungs mit Gott. Mehr braucht man über die Herkunft Jesu nicht zu wissen, scheint Markus zu denken. Sein Evangelium klingt eher wie ein Bericht als wie eine Geschichte, aber er will auch niemanden überreden, sondern eine solide Grundlage schaffen, auf der der Glaube entstehen und wachsen kann.

Im Unterschied zu Markus setzt Lukas auf die Phantasie. Wie Jesus auf die Welt kam, das ist so geheimnisvoll, dass Lukas in seinem Evangelium sogar einen Engel auftreten lässt: den Engel Gabriel. Der ist nicht ganz von dieser Welt, aber weil er ein Bote Gottes ist, kennt er sich sowohl mit den göttlichen als auch mit den menschlichen Dingen aus. Er soll Maria erklären, was Gott mit ihr vorhat. Und er tut das sehr behutsam, in mehreren Anläufen. Zunächst wird die Cousine informiert, damit Maria eine Ansprechpartnerin hat. Dann tritt der Engel bei Maria ein und nimmt ihr die Angst: Fürchte dich nicht. Gott ist bei dir. Erst dann erzählt er ihr, dass sie schwanger sein wird – und ganz zuletzt sagt er noch: Das Kind ist vom Heiligen Geist. Dein Kind ist der Heiland, auf den wir so lange gewartet haben. Zwischendurch hat Maria Zeit Fragen zu stellen und sich zu vergewissern, ob sie das alles auch richtig verstanden hat. So dass sie am Schluss des Gesprächs tatsächlich sagen kann: Ich bin des Herrn Magd, mir geschehe, wie du gesagt hast. In dieser Szene am Anfang des Evangeliums ist schon das ganze Evangelium enthalten. So behutsam soll die gute Botschaft zu den Menschen kommen, so eingewickelt in ihre persönlichen Geschichten und in das, was sie selber hoffen und verstehen können!

Johannes, der vierte Evangelist, war kein Erzähler wie Lukas. Er liebte die klaren Gedanken, durch die das Licht Gottes in die Welt scheinen kann. Der Anfang des Evangeliums klingt bei ihm wie ein Gedicht: „Im Anfang war das Wort. Und das Wort war bei Gott. Und Gott war das Wort. (…) Und das Wort wurde Fleisch und wohnte unter uns. Und wir sahen seine Herrlichkeit." Jesus ist das, was Gott den Menschen immer schon sagen wollte - was er ihnen aber nur sagen kann, indem er selbst ein Mensch unter Menschen wird. Eine Botschaft, die herrlicher und leuchtender ist als alles, was Menschen sich selbst sagen können. Wo immer diese Botschaft gehört wird, kommt Jesus in die Welt, so wie er damals in die Welt gekommen ist. Auch Johannes schreibt nichts über Maria und Josef und die Hirten im Stall von Bethlehem. Die Botschaft ist in der Welt und geht weiter: Das ist das Wichtige! Darum erzählt Johannes als erstes von der Taufe Jesu und wie Jesus seine Jünger berufen hat.

Vier Geschichten vom Anfang. Alle handeln davon, wie Jesus in die Welt gekommen ist, jede auf ihre Art. Obwohl sie sich in manchem widersprechen, sind sie nicht falsch oder erfunden. Die Kirche war von Anfang an eine Erzählgemeinschaft, in der es ganz verschiedene Fassungen der Heilsgeschichte gibt. Aber im Kern gehören sie zusammen. Sie haben nur eine Wahrheit. Und diese Wahrheit haben sie gemeinsam - oder gar nicht.

Lukas hat es im Vorwort zu seinem Evangelium auf den Punkt gebracht. Er schreibt: „Viele haben es schon unternommen, von den Geschichten zu berichten, die unter uns geschehen sind, wie es uns die überliefert haben, die von Anfang an dabei waren und selber zum Diener des Wortes geworden sind. Nachdem ich alles genau recherchiert habe, habe ich es nun auch für richtig befunden, das alles für Dich aufzuschreiben; in einer guten Ordnung, damit du den sicheren Grund dessen erfährst, was du glaubst." Er schreibt sein Evangelium für einen jungen Freund namens Theophilus. Vielleicht ist dieser junge Freund auch erfunden, denn „Theophilos" heißt auf Deutsch einfach: Gottes Freund. Jedenfalls stellt sich Lukas ein Du vor, dem er das Leben Jesu erzählt. Jeder von uns kann sich angesprochen fühlen, wenn Lukas verspricht, dass er die Geschichte für seine Leser und Leserinnen noch einmal genau recherchiert hat, und sagt, dass er mit seiner Geschichte von Jesus die Grundlagen des christlichen Glaubens vermitteln möchte.

Für uns sind diese Geschichten da. Für uns haben die vier Evangelisten sie aufgeschrieben. Sie haben ihr Wissen und ihren Verstand, ihre Phantasie und ihre poetische Kraft eingesetzt, damit jeder von uns auf seine Weise verstehen kann: Gott ist uns Menschen nahe. In Jesus Christus ist er auf die Welt gekommen. Als Gottes Wort wirkt er in die Gegenwart. Das sagt Markus mit seinem sachlichen Bericht und Johannes mit seiner glasklaren Sprache, und das sagen auch Matthäus und Lukas. Ihre Geschichten mögen uns wie eine Legende erscheinen. Aber das ist das Gute an Weihnachten: dass man länger als sonst im Leben Kind sein und an Geschichten glauben darf. Uns wird mehr über uns selbst erzählt, als wir schon wissen. Und das immer wieder. Wusstest du, dass Gott dir gnädig ist – wie damals Maria und Josef? Wusstest du, dass er dir in deiner Armseligkeit begegnet – wie damals den Hirten? Wusstest du, dass er dich auf den langen Weg aus der Fremde in die Gemeinschaft führt - wie die Könige aus dem Morgenland? Wusstest du das? Wusstest du, dass das alles auch deine Geschichte ist? Amen.

Jeder hat seine Geschichte mit der Weihnachtsgeschichte

Predigt am Heiligabend

Liebe Gemeinde! Wenn wir heute, morgen und übermorgen Weihnachten feiern, werden diese Tage angestrahlt von der Weihnachtsgeschichte. Eine helle und schöne Geschichte ist das, wie das Fest selbst. Eine Geschichte, die ein Licht in unser Leben bringt, ein überirdisches und himmlisch gutes Licht, das wir nicht selber anzünden können. Aber wir können dieses Licht behüten und bewahren, so wie die Menschen in der Weihnachtsgeschichte es tun. „Maria behielt alle diese Worte, und bewegte sie in ihrem Herzen" – damit endet die Weihnachtsgeschichte. Oder vielleicht sollte ich besser sagen: Damit fängt sie erst richtig an!

Ich glaube, jeder von uns hat seine eigene Geschichte mit der Weihnachtsgeschichte. Die Älteren unter Ihnen werden Sie schon oft gehört haben: Bei manchen mögen das 50, 60 oder 70 Mal sein. Die jüngeren unter uns haben sie vielleicht drei oder viermal gehört und freunden sich gerade mit ihr an. Manch einem von Ihnen mag diese Geschichte in Fleisch und Blut übergegangen sein wie ein schöner Traum. Wie ist das, jedes Jahr dieselbe Geschichte zu hören? Wenn man das „Es begab sich einmal" mitsprechen kann? Wenn man Maria und Josef kennt? Wenn man einfach weiß, was die Engel jetzt zu den Hirten sagen?

Wir könnten das auch banal finden. Andere Geschichten würden uns langweilen, wenn wir sie immer wieder hören würden. Die Weihnachtsgeschichte ist anders. Sie ist wie eine Batterie, die sich selber immer wieder auflädt, mitten im Kraftfeld zwischen Gott und den Menschen. Auf der eine Seite die Verheißung, groß und mächtig, auf der anderen Seite die Wünsche und Träume der Menschen, flüchtig und stark wie menschliche Sehnsüchte sind. Und dazwischen die Weihnachtsgeschichte mit ihrem Leuchten. Sie ist ein Stück Zuhause in dieser unruhigen Welt. Sie gibt uns eine Heimat jenseits dessen, was wir selbst planen und gestalten. Was ist das für ein Glanz, der um die Krippe ist?

Den Menschen, die in der Heiligen Nacht bei diesem Kind sind, geht ein Licht auf: Maria und Josef, die Hirten und die Weisen aus dem Morgenland erfahren etwas, das ihr Leben leicht und hell macht. Sie finden ihren Platz, oder sie machen sich wieder auf die Suche. Sie zeigen, wer sie wirklich sind, und hören auf, sich zu verstecken. Sie geben uns Beispiele dafür, wie man mit Gott seinen Weg machen kann: Josef entscheidet sich für Maria und seine Familie. Die Hirten geben ihre Ohnmacht auf und zeigen, wer sie wirklich sind. Die drei Weisen aus dem Morgenland teilen ihren Reichtum, weil sie sich selbst beschenkt fühlen. So macht jeder der Menschen, die sich im Stall von Bethlehem treffen, seine eigene Erfahrung mit dem Licht, das in die Welt kommt. Alle gehen beschenkt und verändert daraus hervor. Jeder erfährt den Glanz der Heiligen Nacht anders. Für Josef ist es ein Traum, der neue Klarheit schafft und ihm über seine Zweifel hinweghilft. Für die Hirten ist es der Engel, der sie ihre eigene Würde entdecken lässt. Für die drei Weisen ist es der Stern und die Vision, dass eine neue Zeit anbricht.

Wie können wir den Glanz erkennen, heute und hier, in unserer Welt? „Wenn der Messias kommt, werden nicht alle Dinge auf einmal zu verändern sein, sondern nur diese Kanne und jener Strauch werden um ein Weniges verrückt. Aber weil dieses Wenige von den Menschen so schwer zu finden ist, dafür kommt der Messias.“ [1] So erzählt ein jüdischer Rabbi. Der Messias wird einen neuen Glanz in die Welt bringen, das ist die uralte Hoffnung der Propheten in Israel. Er wird das Dunkle hell machen, das Ungerechte gerade richten und den Menschen eine neue Hoffnung geben. Was bewirkt der Glanz, bei uns selbst und bei anderen? Unser Messias wird in einem Viehstall geboren. Ein Futtertrog ist sein Kinderbett. Ochse und Esel sind nicht weit. Die Könige knien im Stroh. Es ist nicht sauber oder schön. Der Stall ist vermutlich alt. Er glänzt auch nicht. Der Glanz, den alle vom Messias erwarten: Der liegt nicht auf der Straße. Er findet sich in den Augen der Menschen, die diesem Kind begegnen, in den Augen der Hirten und Könige, in den Augen von Maria und Josef. Es sind die strahlenden Gesichter von Menschen, die wissen: Gott hat ein Wohlgefallen an uns.

---

[1] Ernst Bloch: Spuren. Frankfurt am Main 1959; S. 260 f.

Nichts kann uns von Gott trennen – weil er bei uns sein will. Weil Gott dahin kommt, wo wir auf ihn warten, und sei es mitten in unserer Angst und Hoffnungslosigkeit, mitten in der Armut oder verirrt im Wohlstandsdenken.

Die Weihnachtsgeschichte ist ein Wegweiser im Hier und Jetzt - eine Richtschnur für unser Handeln. Sie hinterlässt Spuren in unsern Erwartungen an das Leben. Wir messen unser Leben an dieser Geschichte, wir richten uns danach aus – manchmal viel mehr als uns bewusst ist. Wir leben mit dieser Geschichte, von Jahr zu Jahr. Was wir für gut und richtig halten, ist von dieser Geschichte eingefärbt – viel stärker als von abstrakten Überlegungen und Prinzipien. „Das ist ja wie Weihnachten!“, sagen wir, wenn etwas besonders schön und irgendwie rund ist, so dass wir ins Staunen kommen und deutlich das Gefühl haben: Das haben wir jetzt nicht selbst gemacht, das war ein Geschenk von „oben“. „Das ist ja wie Weihnachten“, sagen wir unwillkürlich, wenn da auf einmal dieser Glanz ist, unvermutet und klar, wie ein Leuchten aus einer anderen Welt. In diesen Momenten sind wir ganz gegenwärtig und voller Freude, und wir wissen: Unsere Geschichte geht gut aus. So wird die Weihnachtsgeschichte zum Kompass. Sie hilft uns nach den Orten und den Menschen zu suchen, bei denen uns der Glanz Gottes begegnet: überraschend, wohltuend und befreiend. Nicht zu planen, aber gut zu merken. Wie ein uraltes Drehbuch, das schon lange da war, bevor wir selber Worte hatten. Die Krippenfiguren sind eine Hilfe, wenn wir nach dem Glanz der Heiligen Nacht Ausschau halten. Maria und Josef, die Hirten und die Könige waren die ersten Zeugen, die etwas von der Ankunft Gottes auf Erden erfahren haben. So erzählt es die Weihnachtsgeschichte.

Von allen Figuren in der Weihnachtsgeschichte sind mir die drei heiligen Könige am nächsten. Es sind Menschen, die schon alles haben, wonach Menschen streben: Wohlstand, Bildung und Anerkennung. Es gibt kaum ein Bedürfnis, das sie sich nicht erfüllen können. Was sie sich wünschen, lässt nicht lange auf sich warten. Was sie brauchen, wird für so wichtig gehalten, dass andere Menschen alles in Gang setzen um es zu besorgen. Es wäre schwer, etwas zu finden, das ihnen mangelt. Aber dann erscheint ein unbekannter Stern am Himmel und macht sie neugierig. Auf einmal entdecken sie in ihren Herzen eine große Sehnsucht, die noch keinen Namen hat. Ihnen fällt eine Prophezeiung ein, die sie einmal gelesen haben: In Israel soll ein neuer König geboren wird, von dem ein großer Glanz ausgehen wird. Gott selbst wird in diesem Kind zu den Menschen sprechen und ihnen nahe sein. Die drei Männer machen sich auf den Weg in das unbekannte Land, um den neugeborenen König der Juden zu suchen. Sie nehmen Hunger, Durst und Erschöpfung in Kauf. Vielleicht ist es dieser Weg, der die Männer erst zu weisen Männern macht - die Hingabe an ein Ziel, das außerhalb ihrer Person liegt. Die Sehnsucht nach diesem Glanz, die stärker ist als ihre schmerzenden Füße. Nach einem Licht, das ihr eigenes Leben zum Leuchten bringt. Sie laufen dem Stern hinterher, der ihnen den Himmel wieder interessant macht, ohne sich aufhalten zu lassen. Wie sie wohl aussehen, als sie in Bethlehem ankommen? Man muss sich die Könige vorstellen, wie sie da auf den Feldern von Bethlehem stehen. Weit und breit ist kein Schloss in Sicht. Der Stern bewegt sich nur noch wenig – es sieht aus, als bliebe er über einem Viehstall stehen. Wahrscheinlich sind sie jetzt genauso staubig wie die Hirten, die dort auf den Feldern ihre Tiere hüten.

Vor einigen Wochen hätte wahrscheinlich einer den andern dafür verantwortlich gemacht, dass sie sich auf solch einen Unsinn eingelassen haben. Aber der Weg hat sie verändert: Sie sind offener, freundlicher und geduldiger geworden. Der Glanz über dem Stall, die Gemeinschaft der Menschen, die so verschieden sind, die Nähe der Engel, das alles empfinden die drei Männer als Geschenk. Und weil sie sich selbst beschenkt fühlen, legen sie Gold, Weihrauch und Myrrhe neben die Krippe, als Gaben für das neugeborene Kind. Sie gehören zu ihm, wie Maria und Josef, die Engel und die Hirten. Ganz deutlich und unübersehbar. Ihre Geschenke sind das Zeichen dafür.

Die Weihnachtsgeschichte kann man nur verstehen, wenn man sie liebt. Was das alles bedeutet, versteht man erst, wenn man sich selbst in den Stall von Bethlehem hineinversetzt.

Ich wünsche Ihnen zu diesem Weihnachtsfest, dass Sie Ihren Platz im Stall von Bethlehem finden. Mögen Sie Orte und Menschen finden, bei denen Ihnen der Glanz Gottes begegnet. Ein Glanz, der Sie erfüllt und Ihr Leben reicher macht, vielleicht sogar fast rund. Mögen Sie spüren, dass Sie gemeint sind, wenn die Weihnachtsgeschichte erzählt wird. Von Weihnachten her kommt ein Strahlen in die Welt, das von Gottes Wohlgefallen an uns Menschen erzählt. Möge jede und jeder von uns sein Strahlen in die Welt tragen: heute, morgen und an allen Tagen darüber hinaus. Amen.

Wie einfach es ist, Christ zu werden

Predigt über Apostelgeschichte 16,9-15, am 2. Sonntag vor der Passionszeit

Liebe Gemeinde, der Predigttext für heute erzählt, wie einfach es ist, Christ zu werden. Ein offenes Ohr, ein offenes Herz und die Bereitschaft sich taufen zu lassen, reichen dazu aus. Wir erfahren, wie die Kirche um ein ganzes Haus, um eine Wohngemeinschaft mit allen Kindern und Bediensteten, gewachsen ist. Die Apostel wurden eingeladen und haben Gastfreundschaft erfahren, von Menschen, die ihnen bisher fremd waren. So verbindend war der neue Glaube. So überzeugend war seine Sprache der Liebe und Gemeinschaft. Der christliche Glaube, ganz am Anfang, auf seinen ersten Schritten nach Europa, auf einem neuen Kontinent.

Es hat in Philippi angefangen, einer Stadt in Nordgriechenland. So berichtet uns Lukas in seiner Apostelgeschichte. Paulus hatte geträumt, dass er dort erwartet wurde, und sich auf den Weg gemacht. Denn für ihn war der Traum ein klares Zeichen: Gott will, dass wir das Evangelium nach Europa bringen! Lukas hat ihn auf dieser Reise begleitet und sich Notizen gemacht, um später darüber berichten zu können. Sie sind zuerst nach Philippi gekommen - eine Stadt, in der Kriegsveteranen angesiedelt wurden. Das waren Soldaten, die lange im Krieg gekämpft hatten und hier ihren Alterswohnsitz einnehmen durften. Aber Philippi war noch mehr als ein Alterssitz für ausgediente Soldaten: Es war zugleich ein zentraler Verkehrsknotenpunkt, in dem sich die großen Handelsstraßen der Region gekreuzt haben.

Paulus sucht in Philippi zunächst einen Ort auf, der ihm vertraut ist: eine jüdische Gebetsstätte. Solche Orte gab es überall, wo sich die jüdische Gemeinde keine eigene Synagoge leisten konnte oder wollte - ein Platz zum Beten, und ein Ort für Gespräche. In Philippi ist das ein Ort vor den Toren der Stadt, an einem Fluss gelegen. Es ist Sabbat. Und tatsächlich trifft Paulus dort auch einige Personen. Es sind Frauen, die sie sich für das Judentum interessieren, ohne selber Jüdinnen zu sein. Von einer Frau mit Namen Lydia heißt es, dass sie „gottesfürchtig“ war.

Die gottesfürchtige Lydia, die sich für das Judentum interessiert, und der zum Christentum bekehrte Jude Paulus finden etwas Gemeinsames in ihrer Ehrfurcht vor Gott. Da gibt es etwas, das sie verbindet, als sie beide noch nach Worten suchen. Etwas steht zwischen ihnen, das Herzen öffnet, Ohren frei macht und Worte eingibt, die überzeugen können. Hier, an diesem Ort des Gebetes und des Gesprächs, am Fluss, nahe der kosmopolitischen Stadt Philippi.

Paulus redet vom Evangelium und seiner Kraft, und Lydia spürt, dass sie mit diesen Worten gemeint ist. Sie beschließt, sich taufen zu lassen, mit allen Menschen, Kindern und Bediensteten, die bei ihr wohnen. Ein echter Missionserfolg. Der erste Erfolg des Paulus auf seiner Reise nach Europa. Da werden Grenzen überwunden: zwischen Menschen, die sich fremd waren, und wohl auch Grenzen zwischen einem alten und einem neuen Lebensstil, ein Wechsel der Überzeugungen, eine Veränderung in den grundlegenden Entscheidungen, die ein Mensch trifft.

Das alles hat Paulus nicht „gemacht“. Die Kraft dazu ist von außen gekommen, wie Lukas extra in seinem Reisebericht notiert: "Und der Herr tat ihr das Herz auf, dass sie Acht hatte auf das, was Paulus sagte." Nicht Paulus, sondern Gott war hier am Werk. Man kann ihn sehen an den Spuren, die er im Leben dieser Frau hinterlassen hat: an ihrer Umkehr zum neuen Glauben, zu einem Leben als Christin. Das gehört zum Merkzeichen dieser ersten Mission auf dem Gebiet Europas: kein triumphaler Auftritt, sondern ganz im Gegenteil, ein Sich-Gelten-Lassen und Geschehen-Lassen, ein Vertrauen auf Gottes Wirksamkeit in der Welt.

Lydias Geschichte geht noch weiter. Sie hat sich taufen lassen. Aber sie ist sich unsicher, sie fragt sich, ob sie eigentlich „genug“ an Gott glaubt. Wieviel Glauben muss ich haben, damit es ausreicht? Sie weiß es nicht, und darum ist es ihr so wichtig, dass die beiden ihre Gastfreundschaft annehmen, denn das wäre für sie der Beweis: Ihr Glaube reicht aus. Es ist auffällig, dass Lydia nach dem „Wieviel“ fragt. Denn diese Frage ist eigentlich eine Händlerfrage. Wieviel muss ich geben, damit ich so und so viel bekomme?

Nun erfahren wir aus dem Reisebericht des Lukas, dass Lydia Purpurhändlerin war. Sie muss eine reiche Frau gewesen sein, denn Purpur war kostbar. Sie lebte in der

Welt des Handels, und sie wird die Welt auch nach ihrer Taufe weiterhin mit den Augen einer Geschäftsfrau gesehen haben. Paulus hat ihre „geschäftliche" Frage sicher verstehen können, denn er war Zeltweber und hat seinen Lebensunterhalt mit seinem Handwerk verdient. Die Frage nach dem „Wieviel?" muss ihm darum vertraut gewesen sein. Als Theologe hat er sich damit auseinandergesetzt, dass Gott diese Frage anders beantwortet als es bei Geschäften zwischen Menschen üblich ist. Paulus predigt, dass jeder Mensch von Gott geliebt wird, ohne in Vorleistung treten zu müssen. Das ist der Kern seiner Rechtfertigungslehre. Wir leben von dem Luxus der Güte Gottes. Wir leben von einer unvorstellbaren Freiheit, die unser Herz öffnet, unsere Ohren frei macht und uns aus der Logik des Bezahlen-Müssens herausnimmt.
Wieviel muss ich zahlen, um etwas so Kostbares wie den Glauben zu bekommen?
Lukas schreibt leider nichts darüber, wie das Gespräch zwischen Lydia und Paulus weiter verlaufen ist, aber wie man Paulus kennt, wird er ihr deutlich gemacht haben, dass sie, wenn sie etwas geben möchte, es ohne Zwang tun soll, in einer großen Freiheit und im Wissen um Gottes Liebe. Er wird das offene Ohr nicht aufgekündigt haben, sondern wird sich selbst als Exempel zur Verfügung gestellt haben, wie Gott durch Menschen wirkt. Und er wird sie als Getaufte angesprochen haben, unter Gleichen. - So einfach kann das sein, ein Christ oder eine Christin zu werden. In dieser Einfachheit liegt eine große Schönheit. Es sind schöne Momente, in denen wir Christen ins Gespräch kommen. Wenn wir so offen über unsern Glauben reden können wie Paulus und Lydia es getan haben. Von solchen Begegnungen kann man lange zehren, sie brauchen sich nicht auf.

Unsere Kirche hat sich seither verändert. Aus der Missionsreise des Paulus ist ein eindrucksvolles Gebäude geworden. Es haben sich Regeln etabliert, die helfen, das Ganze zu steuern. Aber ich glaube, bis heute liegt in diesem Einfachen der Grund, warum wir gern Mitglieder der Kirche sind. In dieser Möglichkeit, immer wieder in eine Atmosphäre des Gesprächs eintauchen zu können, über die wirklich wichtigen Fragen unseres Lebens.

Bei der Eröffnung der neuen Synode hat unser Bischof den Synodalen realistisch dargestellt, welche Verantwortung für die Organisation der Kirche auf sie zukommt. Und er hat ihnen Mut gemacht, viel zu fragen und sich nicht vom Gespräch über den Glauben ablenken zu lassen. Was wirklich zählt in unserer Kirche, ist das offene Gespräch zwischen Menschen, die Gott in Ehrfurcht begegnen und sich dadurch ganz elementar, als Menschen eben, verbunden wissen.

Dazu passt es gut, dass heute ausnahmsweise mal ein Reisebericht der Predigttext ist. Denn Reiseberichte zeugen von der Lust am Aufbruch, von der Neugier auf andersartige Entdeckungen und der Freiheit des Gesprächs mit diesem und jenem Menschen, der uns über den Weg läuft. Und meistens kommen sie ohne feste Statements aus, weil die Freude am Unterwegssein alles trägt. Ja: Wir sollen unser Christsein als eine Reise verstehen, hin zu den Orten des Gesprächs, zu den Menschen, die Gott in Ehrfurcht verbunden sind, aber vielleicht noch anders denken als wir, im Vertrauen auf Gott, der selbst dafür sorgt, dass Menschen sich unserer Kirche anschließen.

Wenn wir die Einfachheit in unserm kirchlichen Alltag wiederfinden wollen: Was brauchen wir dazu? Zwei Hinweise dazu gibt uns der Predigttext. Zum einen: Hier steht nichts von einer Massenbekehrung. Die einzelne Begegnung zählt - sie ist und bleibt unser Maßstab. Wo ein einzelner Mensch erkennt, dass er von Gott geliebt wird, da kommt das Evangelium zu Wort. Wo unser Gegenüber seinen Anteil an Gottes Geschichte entdeckt und mit andern zusammen gestalten kann, da haben wir unsern Auftrag erfüllt. Zum andern: Das Eigentliche tut Gott - wir haben es wirklich nicht in der Hand. Wir stehen nicht unter Erfolgsdruck, und wir müssen auch nichts schönfärben. Werbung für die Kirche machen heißt immer, von sich selbst und den eigenen Glaubenswegen erzählen. Anders geht es nicht. Wir haben die Aufgabe, darauf zu vertrauen, dass Gott selbst die Herzen von Menschen öffnet. Das ist unser schönster Luxus als Christen. Er macht uns frei, in den Menschen, die uns begegnen, die zu sehen, die Gott berufen hat.

Ich wünsche uns allen den Mut, sich immer wieder auf das Einfache des christlichen Glaubens einzulassen, denn anders kommen wir nicht voran. Mögen wir die Organisation und Verwaltung der Kirche als sportliche Herausforderung nehmen, uns davon nicht ablenken zu lassen. Denn letztlich geht es darum: um ein offenes Herz, und Ohren, die noch zuhören können, und um den Wunsch, als getaufter Mensch durch das Leben zu gehen. Amen.

Ostern geht langsamer, als viele denken

Predigt zum Karfreitag, über Matthäus 27,33-50

Liebe Gemeinde, wie können Menschen so etwas tun? Das fragt man sich, wenn man den Bericht des Matthäus über die Kreuzigung Jesu hört. Wie können Menschen einem andern Menschen so etwas antun? Auch wenn man die Geschichte schon oft gehört hat und sie auswendig kennt, ist es doch erschütternd, das zu hören: diese Kette von Bosheiten, die nicht aufhören wollen. Warum ausgerechnet Jesus, warum gerade dieser Mensch?

Bei Jesus haben Menschen den liebevollen Gott entdeckt. Es hat sie heil gemacht und befreit. Sie sind gesund geworden und haben die Gemeinschaft mit andern wiedergefunden. Und dieser Jesus wird nun verspottet, man nimmt ihm seine Kleider weg, er wird ans Kreuz genagelt. Die Soldaten langweilen sich, das dauert ihnen alles zu lange, also erlauben sie sich noch ein paar Späße, geben ihm Essig zu trinken und hängen ein Schild über seinem Kopf auf, über das sich die Zuschauer amüsieren. Und das alles, während da ein Mensch am Kreuz stirbt. Die Frommen und Gelehrten sind auch dabei und machen zynische Bemerkungen: Wir würden ja an dich glauben, wenn du jetzt vom Kreuz runtersteigen würdest. Anscheinend bist du Gott nicht so wichtig wie du gedacht hast, du Gottessohn, sonst würde er jetzt etwas für dich tun! Und so reden und diskutieren sie, während Jesus mit durchbohrten Händen am Kreuz hängt und stirbt.

Matthäus hat seinen Passionsbericht zwei Generationen später aufgeschrieben. Aber die Erschütterung ist ihm deutlich anzumerken: Wie können Menschen so etwas tun? Die Antworten, die wir in der Bibel finden, sind die Antworten verstörter Glaubender. Sie schauen auf ihre Mitmenschen und sich selbst und stellen fest: Es sind Menschen, die so etwas tun. So sind wir. Wir sind das – in unseren dunkelsten und schlimmsten Augenblicken sind wir Menschen so. Warum prügeln Menschen andere Menschen zu Tode? Warum haben Menschen Gefallen daran, wenn ein anderer fertig gemacht wird? Warum gibt es auch immer welche, die an solchen

Geschichten verdienen, Leute, die sich die Abgründe der andern geschickt zunutze machen? Warum ist das so?

Die Bibel nennt es „Sünde“ und zeigt, dass manches davon auch vererbt wird: der Hass, die Vorurteile, der gierige Wunsch, andere zu beherrschen. Paulus spricht sogar von dem „Gesetz der Sünde“, um darauf aufmerksam zu machen, dass es im Zusammenleben der Menschen eine destruktive Kraft gibt, die mit brutaler Zwangsläufigkeit immer wiederkehrt. Heute spricht man eher von den „Strukturen“, die Menschen vereinnahmen und in ihrer Menschlichkeit behindern. Das hört sich neutraler als das moralische Wort „Sünde“, aber im Kern geht es um dasselbe: Menschen sind dem Bösen in großer Unfreiheit verfallen. Und jeden kann es treffen. Wie können wir Menschen so etwas tun? Warum musste Jesus so leiden?

Wir dürfen über diese Erschütterung nicht zu schnell hinweggehen. Man kann auch zu leichtfertig auf diese Frage antworten. Das klingt dann gern so: „Gott hat Jesus in die Welt geschickt, mit dem Ziel, die Welt zu retten. Als die Zeit dafür gekommen war, ist Jesus freiwillig ans Kreuz gegangen und hat die Sünden der Menschen auf sich geladen. Seitdem ist Gott den Menschen wieder gut gesonnen.“ Das ist die eingedampfte Version der Wahrheit. So lautet unser Glaubensbekenntnis, wenn man es zu schnell spricht. Da ist von der Erschütterung des Matthäus nichts mehr zu spüren.

Matthäus und seine Gemeinde haben um Antworten gerungen. Sie haben nicht geglaubt, dass sie neben Gott sitzen und seine Pläne durchschauen, davon waren sie weit entfernt. Sie wussten erst einmal gar nicht, was sie glauben sollten. Die Lösungen, die sie gefunden haben, sind Antworten aus dem Rückblick. Zu diesem Rückblick gehört ihre eigene Erschütterung dazu, der Schmerz über das, was da geschehen ist. Wer sagt denn, dass es nicht viel besser gewesen wäre, wenn Jesus weitergelebt hätte und noch mehr Menschen hätte überzeugen können? Warum musste er so leiden?

Die Antworten, die Matthäus und seine Gemeinde darauf gefunden haben, haben sie in intensiver Auseinandersetzung mit dem entdeckt, was da geschehen war. „Ja", konnten sie schließlich sagen: Der Tod Jesu war absolut peinlich – aber nicht für ihn selbst und seine Anhänger, sondern für die, die ihn gekreuzigt haben. „Ja", konnten sie sagen: Jesus sah wie ein Tier aus, als er da am Kreuz hing, furchtbar, ohne Würde, wie ein Tier, das man schlachtet. Aber sie haben in ihm das Lamm erkannt: das Lamm Gottes, das beladen ist mit den Sünden der Welt, wie der Sündenbock, den sie in die Wüste schickten. „Ja", konnten sie endlich sagen: Jesus war hilflos. Gott war nicht zu sehen. Aber das lag daran, dass Gott in ihm war, als er gekreuzigt wurde! Gott wollte selbst die Schuld der Menschen auf sich nehmen, darum war er nicht weit weg, sondern in Christus am Kreuz. Das waren ihre Antworten. Wir wiederholen sie jedes Mal, wenn wir das Glaubensbekenntnis sprechen. Aber das Glaubensbekenntnis wird für uns nur dann wahr, wenn wir es sehr, sehr langsam sprechen.

Heutzutage geht man nach dem Karfreitag schnell wieder zur Tagesordnung über. Für viele ist der Karsamstag einfach ein Brückentag zwischen den Festen, an dem man die letzten Besorgungen machen kann. Alles lebt auf Ostern zu. Wir rechnen damit, dass es wieder aufwärts geht. Nach Regen kommt Sonnenschein, sagen wir gerne und tun so, als ob das ein Naturgesetz wäre. Dabei geht Ostern viel langsamer als wir denken. Zwischen dem schwarzen Tag der Christen und dem Fest ihres Neuanfangs liegen 40 Stunden Enttäuschung. Karfreitag ist der Tag der Katastrophe. Und Karsamstag? Das ist der Tag der schwülen Unentschlossenheit und großen Leere. Da ist ein Rätsel in der Luft, das sich nicht so schnell auflöst. 40 Stunden ohne klare Richtung. Ich glaube: Gott wusste auch nicht weiter. 40 Stunden seiner selbstgeschaffenen Zeit lang wusste der Schöpfer nicht weiter. Seine Ernüchterung muss sehr groß gewesen sein über diese Menschen, darüber, dass sie Jesus, seinen Sohn, aus dem Weg geräumt haben.

Wir sollten uns Zeit nehmen, um Gottes Enttäuschung wahrzunehmen. Wir sollten nicht so tun, als wäre jetzt schon Ostern. Dass Gott am dritten Tag einen Toten wieder lebendig macht, ist alles andere als selbstverständlich - nach allem, was war!

Es hätte auch andere Wege gegeben: Rache, ein Rundumschlag, so wie bei Noah und seiner Arche: nur die Besten retten, und die andern, die Bösen, im Wasser ertrinken lassen. Ostern ist das Fest, das Gott mit uns feiert, nachdem er seine Enttäuschung über uns Menschen überwunden hat. Dazu hat er alle Liebe aufgeboten, die er zu seinen Geschöpfen hatte. Es muss ein Kraftakt gewesen sein. Und dann hat er etwas getan, was vorher gar nicht in seinem Schöpfungsplan enthalten war: Er hat den Tod außer Kraft gesetzt und einen Toten wieder lebendig gemacht: ein Wunder, das über Raum und Zeit weit hinausgeht. In diesem neuen Schöpfungsakt hat Gott Zeit und Raum noch neu einmal sortiert. Seitdem gibt es eine Welt ohne das Gesetz des Todes. Wer ihm vertraut, kann das sehen. Da lebt etwas Gutes unter uns – aller Zerstörungskraft zum Trotz. In Brot und Wein können wir es fassen. Wenn wir miteinander teilen, sind wir ihm nahe. Nach allem, was war, wollte der Schöpfer nur eins: dass sein Sohn, dass Jesus lebt – und dass wir durch ihn zum Leben finden. Darum, und nur darum dürfen wir übermorgen Ostern feiern. Amen.

Meditation zum Karsamstag

Was sagte Jesus, als er in das Reich des Todes hinab stieg?

Er sagte immer noch: Dein Reich komme!

Denn er glaubte an Gott, der das Leben verwandelt.

Stufe für Stufe stieg Jesus in die Dunkelheit,

in den Keller der Menschheit, wo das Vergessene und die bösen Träume wohnen,

vom Tod sorgfältig gesammelt und sortiert.

Jede Stufe, die Jesus betrat, verlor ihre Ecken und wurde eben.

Hinter ihm entstand eine Flutbahn für das Licht.

Seitdem gibt es kein unerreichtes Dunkel mehr.

Auferstanden

Schritte zum Grab. Mein Herz wird schwer. Was will ich dort? Die Blumen ordnen. Das Laub aufsammeln. Den Namen lesen, der dort eingemeißelt steht. Ein Mensch, der mir nahe war. Von dem ich oft noch träume, als wäre er lebendig. Sein Zuhause ist meine Erinnerung. Darum gehe ich heute zum Grab, wieder denselben Weg, an den Bäumen entlang zu den Felsen. Ein Stein liegt auf meiner Seele. Manchmal denke ich, mein Herz ist eine Grabkammer, und davor sitzt ein böser Schatten, der das Leben gefangen hält.

Seltsam, die Friedhofswärter sind heute nicht hier. Alles steht herum: Harken, Schaufeln, eine Karre. Sie haben alles stehen und liegen gelassen. Ob sie geflohen sind? Der Wasserhahn am Brunnen läuft und läuft, der Eimer, der darunter hängt, quillt schon über. Noch wenige Meter, dann bin ich am Grab.

Die Hoffnung schleicht sich in mein Herz wie ein Engel. Ich sehe es mit meinen eigenen Augen: Das Grab ist leer. Ich ahne, was das bedeutet: Der Tod ist tot. Ich drehe mich um: Der böse Schatten ist weg.

Auf einmal kann ich wieder atmen. Mein Zweifel ist besiegt. Ich spüre die Luft heute Morgen. Es ist die Luft des beginnenden Tages, es ist der Hauch des Lebendigen, der den Tod überwunden hat.

Überall sehe ich Ostern. Ich sehe das Lachen auf dem Gesicht eines Menschen, der eben noch getrauert hat. Ich höre das Klappern der Gießkannen und sehe, dass die Blumen am Brunnen wachsen.

Aus der Kapelle tönt Musik. Mir scheint, dass die Friedhofswächter tanzen.

Gemeinde sein: Dienst im „Zwischen-Raum“

Predigt über Epheser 4,1-7, Pfingstmontag

Lieber Apostel Paulus! Heute ist Pfingstmontag, der Geburtstag der Kirche, und da trifft es sich gut, dass wir als Predigttext einen Brief von dir lesen sollen: Denn du bist der Architekt der Kirche. Mit deinen Briefen hast du das Fundament gelegt. Du hast eingegriffen, wenn etwas schief lief. Du hast die Arbeiter und Arbeiterinnen ermutigt, hast ihnen den Rücken gestärkt und für Material gesorgt, mit dem sie weiterbauen konnten. Du warst damals in einer einzigartigen Situation, Paulus: Von deiner Wegbeschreibung hing alles ab. Du musstest die Worte finden, denen andere folgen konnten. Es gab noch nichts, keine Gemeindestrukturen, kein diakonisches Werk, keine Pfarrergehälter und Synoden. Worauf sollte man sich da berufen? Es gab nichts, das selbstverständlich war!

Bei uns heute ist vieles selbstverständlich. Allerdings wird bei uns auch selten eine Kirche neu gebaut. Jedenfalls in Deutschland. Wir sind froh, wenn wir den Bestand erhalten können. Mauern, die einzufallen drohen, und Kirchen, die geschlossen werden, bringen andere Fragen mit sich, als du sie hattest, Paulus. Manchmal führt das zu einer Identitätskrise, dann fragen wir uns: Wer sind wir, und wenn ja, wie viele?

Eigentlich hast du diese Frage schon klar beantwortet. Wir sind der Leib Christi in der Welt – wir sind dazu berufen, dem Evangelium Ausdruck zu geben. „Ein Geist – viele Gaben“, sagst du. Damit meinst du, dass in unserer Vielfalt ein Reichtum liegt, den wir gar nicht selbst in der Hand haben. Ein Dichter unserer Zeit hat das in einem Reim ausgedrückt. Er schreibt: „Du hast nicht das, was andere haben, und andern mangeln deine Gaben. Aus dieser Unvollkommenheit entspringet die Geselligkeit.“ Das ist nicht genau das, was du sagen wolltest, Paulus, aber es geht in die Richtung. Du willst uns sagen: Der Heilige Geist weckt Menschen auf, zu dem, was sie geben können. Immer wieder, ohne dass wir darauf Einfluss haben. Eine Frau, die ihr Leben lang unter Depressionen gelitten hat, ist mit 70 Jahren in eine fremde Stadt gezogen und hat ein neues Leben angefangen. Sie macht jetzt Kirchenführungen und begeistert die Touristen, sie besucht kranke Menschen in der Gemeinde und ist für viele eine wunderbare Seelsorgerin. Niemand hat geahnt, wozu sie alles fähig ist. Es ist gut, wenn wir einen Blick dafür haben! Wir sollten uns immer wieder bemühen, diese Gaben wahrzunehmen. Dann bekommt das, was wir tun, Format. Dann sehen die Menschen Christus am Werk, mitten in der Welt.

Wir wissen heute, lieber Paulus, dass du den Brief an die Epheser nicht allein geschrieben hast. Wahrscheinlich waren es deine Schüler, die ihn so formuliert haben. Aber du bist die Autorität, die dahinter steht, Paulus, und darauf kommt es heute morgen an. Euer Brief ist mindestens achtzigmal von einer Hand in die andere gegangen: 2000 Jahre lang von einer Generation in die nächste. Mindestens achtzigmal haben sich die Menschen gefragt: Und, gilt das noch für uns? Und achtzigmal haben sie ihr OK gegeben. Vielleicht haben sie nicht bei allem gesagt: Gefällt uns! Aber sie haben gesagt: Es gilt für uns, wir nehmen es mit. Wir nehmen es als Maßstab und setzen uns damit auseinander. Auch wenn wir an unsere Grenzen stoßen und nicht alles unterschreiben können. Wir nehmen es mit, denn die Tür soll offen bleiben für die Deutungen späterer Generationen. Wer weiß, was die für Fragen haben!

Jetzt lese ich deinen Brief doch vor. Im Originalton, Epheser 4. Ihr schreibt uns: „Christus hat einige als Apostel eingesetzt, einige als Propheten, einige im Dienst der Verkündigung, einige als Gemeindeleiter und Lehrer. Das alles, damit die Menschen, die dazu bestimmt sind, gottgemäß zu leben, für ihren Dienst vorbereitet werden. Durch diesen Dienst soll der Leib Christi erbaut werden, seine Kirche, bis wir alle zum Ziel gelangt sind: nämlich zur Einheit unseres Glaubens – und zur Erkenntnis von Gottes Sohn. Und das heißt auch: zum vollendeten Menschsein, so dass wir an der Fülle, die Christus uns verspricht, vollständig teilhaben. Denn wir sollen uns nicht mehr ohne Stimme von jedem Zeitgeist hin- und hertreiben lassen – dahinter steht ja doch nur das trügerische Spiel von Menschen, die uns in die Irre führen wollen. Lasst uns aber wahrhaftig sein und wachsen in allen Stücken zu dem hin, der das Haupt ist:

zu Christus.“ Ein schöner Brief, lieber Paulus, wenn auch streckenweise etwas dunkel und geheimnisvoll. Ich hoffe, Du bist einverstanden, wenn ich aus Deinem Brief drei Schlüsse ziehe, für uns heute.

Erstens: Du bist fasziniert von der Fülle des Lebens, die dir in Christus begegnet. In deinem Leben hast du auch anderes erlebt. Damals in Damaskus bist du mit deiner eigenen fanatischen Kleinkariertheit konfrontiert worden, und das war alles andere als angenehm. Christus hat dir die Augen geöffnet: So hast du es empfunden und auch beschrieben. Du hast auf einmal Wärme und Weite erfahren zwischen den Menschen. Und dieser Raum der Liebe, dieser Zwischen-Raum, den du entdeckt hast, Paulus, auf den kommt es an. Du beschreibst diesen Raum als ein „Bei-Christus-Sein“. Es ist ein Raum, in dem Menschen anders sein dürfen als das Bild, das man sich von ihnen gemacht hat. Ein Dazwischen, das keinen festnagelt auf alte Fehler, das vielmehr einen Neuanfang immer möglich macht. Ein Raum, in dem sie sich verändern dürfen: in dem sie klüger und gütiger sein dürfen als bisher. In diesem Zwischen-Raum bleiben, das nennst du: wahrhaftig sein. „Lasst uns wahrhaftig sein in der Liebe und wachsen in allen Stücken zu dem hin, der das Haupt ist: zu Christus.“ Die Kirche ist einzig zu dem Zweck da, diesen Zwischenraum zu bewahren. Das ist ihr Auftrag, nichts anderes. Daran wird sie gemessen: ob sie es Menschen ermöglicht, bei Christus zu sein.

Zweitens entnehme ich euerm Brief eine konkrete Arbeitsanweisung. Du und deine Schüler, ihr verteilt Aufgaben für die Arbeit in der Kirche. Alle Aufgaben haben ein gemeinsames Ziel: Sie sollen den Menschen helfen, den Zwischen-Raum zu entdecken, den du schon am eigenen Leib erfahren hast. Einige sind als Apostel und Propheten eingesetzt, einige im Dienst der Verkündigung, einige als Gemeindeleiter und einige als Lehrer. Mit „Aposteln und Propheten“ meint ihr wahrscheinlich die Autoritäten der Vergangenheit. Sie gehören dazu, wie Kilometersteine am Wegesrand, die Orientierung geben. Aber mit den andern drei Aufgaben sind wir angesprochen.

Zunächst geht es darum weiterzusagen, wo dieser Zwischen-Raum zu finden ist. Menschen auf der Suche nach Christus brauchen konkrete Orte, an denen sie sich vergewissern können, und Menschen, die sie auf ihrem Weg begleiten. Mit diesem Dienst der Verkündigung ist eigentlich jeder gemeint, die Weitergabe von Mensch zu Mensch ist die wirkungsvollste Form der Verkündigung. Das liegt daran, dass man sich bei einem Gegenüber selbst überzeugen kann, ob der andere wahrhaftig ist. Das sieht und spürt man. Und jeder von uns hat Erfahrungen, die andern nützen und zum Glauben dienen.

Ein wichtiger Dienst in der Kirche ist der Dienst der Gemeindeleiter und Gemeindeleiterinnen. Ich habe die Frauen jetzt mit angesprochen, denn ausgerechnet wenn du über die Rollen von Männern und Frauen schreibst, Paulus, spürt man noch ein Stück von deiner früheren Kleinkariertheit. Aber du selbst hast uns ja den heiligen Geist ans Herz gelegt und uns geraten: Macht euch selbst ein Urteil. Darum sagen wir heute: Wir brauchen Gemeindeleiterinnen genauso wie Gemeindeleiter. Menschen, die wissen, was sie hüten. Und die die Fähigkeit haben, andere zu integrieren – Männer und Frauen.

Zu den Gemeindeleitern und – leiterinnen gehören auch die Pastorinnen und Pastoren. Es gibt in der Presse einen dummen Witz, wenn es um Pastoren geht. Zeitungsleute reden gern von den „Seelenhirten“. Das soll wohl lustig klingen, aber es zeigt nur, dass heute viele nicht mehr wissen, was Pastoren und Pastorinnen eigentlich machen. Hast du mal versucht, „Seelen“ zu hüten, Paulus? Sicher nicht! Wessen Seelen sollen da eigentlich gehütet werden, und auf welcher Weide? Ich weiß nicht, was für geheimnisvolle Dinge sich manche Journalisten dabei vorstellen. Das Wort „Seelenhirte“ erinnert ein bisschen an unsichtbare Flöhe. Dabei ist „Seele“ etwas sehr Konkretes und für unsere moderne Welt ungeheuer Wichtiges. Wenn man von der „Seele“ eines Betriebes oder der „Seele“ einer Familie spricht, meint man den Gemeinschaftsgeist, und jeder weiß, dass dahinter sehr viel ganz konkrete Arbeit steckt. Als erfahrener Gemeindeleiter schreibst du in deinem Brief über die „Einheit des Glaubens“. Du wusstest, dass diese Einheit alles andere als selbstverständlich ist und dass man als Gemeinschaft da erst einmal hinwachsen muss.

Dann gibt es in der Kirche noch den Dienst des Lehrens und Unterrichtens im Glauben. Es geht darum, das Evangelium für die Gemeinde in die Sprache von heute zu übersetzen – und dazu muss man nicht nur den Urtext kennen, man baut auch immer auf dem auf, was andere Generationen vor uns schon verstanden oder gedanklich verworfen haben. Das Unterrichten ist eine der wichtigsten Aufgaben in der Kirche, denn die Lehrer und Lehrerinnen tragen die Fackel weiter - sie sorgen dafür, dass die 79. Generation versteht, was die 80. Generation gerade beschäftigt. Sie halten die Tür für den Heiligen Geist offen, denn die Antworten der Alten sind nicht identisch mit den Fragen der Jungen. Aber es ist auch nicht möglich, Erfahrungen mit Gott zu machen, wenn man keine Sprache dafür hat. Darum ist es gut, wenn die Jungen sagen lernen: Ich habe eine Frage … Und die Alten sagen lernen: Ich habe eine Antwort - aber was war nochmal die Frage?

Lieber Paulus, außer deinem Nachdenken über den Zwischen-Raum und die Arbeitsverteilung in der Kirche entnehme ich deinem Brief auch eine Mahnung. Du warnst uns: Wir sollen uns nicht ohne Stimme von jedem Zeitgeist hin- und hertreiben lassen. Da triffst du einen wunden Punkt, Paulus. Du schreibst: Kirche heißt wachsen – nicht gegen den Trend, der Trend ist eigentlich egal, sondern wachsen zu dem hin, der das Haupt ist: zu Christus. Wir trauen uns gar nicht mehr zu wachsen, Paulus. Ich habe manchmal das Gefühl: Wir hetzen uns ab statt zu wachsen, weil wir Angst haben und das Ziel nicht mehr klar sehen. Wachsen können wir nur, wenn wir Christus vor Augen haben. Wenn wir um den heilsamen Zwischenraum wissen, der Veränderungen überhaupt ermöglicht. Stellen wir uns bei allem, was wir planen, einen Raum vor, in dem unsere Kräfte nicht wirken, weder die guten noch die schlechten. Lassen wir dem Heiligen Geist sein Wirkungsfeld und vertrauen wir darauf, dass Christus auch weiterhin die Hauptsache in unserm Leben ist!

Es wäre natürlich schön, Paulus, wenn wir jetzt die ganze Verantwortung für das Wieder-und-Weiter-Wachsen der Kirche in deine Hand legen könnten. Vielleicht sind wir manchmal in Versuchung, unsere Schwierigkeiten darauf zu schieben, dass du am Anfang etwas falsch gemacht hast. Du hast vieles nicht vorausgesehen, was uns heute beschäftigt: Dass die technische Erfindungen Menschen überrollen können und manche süchtig machen, hast du nicht gesehen. Dass wir mit unsern Konsumgewohnheiten die Schöpfung vergiften, war dir nicht klar. Und dass viele Menschen unter „Ausgebrannt-Sein“ leiden würden, hast du auch nicht geahnt. Darum erscheinst du uns manchmal als abstrakt und leibfeindlich, als autoritär und lebensfern. Aber bei einer Kathedrale sagt man auch nicht plötzlich nach 2000 Jahren, dass der Architekt nicht rechnen konnte. Es ist vielmehr so, Paulus: Du bist unser Fundament und nicht unser Steuermann. Und darum werden wir auch weiter auf den Heiligen Geist vertrauen. Der wird uns die richtigen Einsichten geben, und letztlich ist er es, der uns zu unserm Ziel, zu Christus, hinführt. Der Friede Gottes, der höher ist als alles, was wir aus eigener Kraft begreifen können, der bewahre unsere Herzen und Sinne in Jesus Christus. Dich auch, Paulus. Amen.

Die sieben Gaben der Gemeinde

Predigt über Römer 12,4-8, Pfingstmontag

Liebe Gemeinde! Heute ist der Montag zum Pfingstfest, der Tag danach, die Zeit für den pfingstlichen Nachklang. Gestern haben wir gehört und vielleicht auch gespürt, dass der Heilige Geist unter uns wirkt, dass er uns Kraft gibt, aus dem Geheimnis des Glaubens heraus Neues zu wagen, einem Traum zu folgen, Gemeinschaft mit andern zu bilden. Und heute geht es nun um die Gaben, die wir vom Heiligen Geist dafür mitbekommen haben, um die „geistige Ausstattung" unserer Gemeinde in der Vielfalt ihrer Begabungen und Talente. Der Apostel Paulus kommt auf sieben Gaben, die der Heilige Geist einer Gemeinde schenkt, damit sie sich entfalten kann. Ich möchte Ihnen diese Gaben gleich vorstellen, und vielleicht entdecken Sie Ihre eigene, besondere Gabe darunter. Aber zunächst möchte ich Ihnen den Predigttext vorlesen. Er steht im Brief an die Römer im 12. Kapitel, Verse 4-8:

„So wie wir an einem Leib viele Glieder haben, aber nicht alle Glieder dieselbe Aufgabe haben, so sind wir, so viele wir sind, doch ein Leib in Christus, und unter uns ist einer des andern Glied. Und wir haben verschiedene Gaben, je nach der Gnade, die uns gegeben ist. Ist jemand prophetische Rede gegeben, so übe er sie dem Glauben gemäß. Ist jemand ein Amt gegeben, so diene er. Ist jemand Lehre gegeben, so lehre er. Ist jemand Ermahnung gegeben, so ermahne er. Gibt jemand, so gebe er mit lauterem Sinn. Steht jemand der Gemeinde vor, sei er sorgfältig. Übt jemand Barmherzigkeit, so tue er´s gern!"

„je nach der Gnade, die uns zuteil geworden ist"

Das sind die Gaben, die der Heilige Geist für das Wachsen der christlichen Gemeinde stiftet: „je nach der Gnade, die uns zuteil geworden ist". Das, was wir in die Gemeinde einbringen können, sieht Paulus nicht als einen Zufall, sondern als bewusste Zuteilung, die der Heiligen Geist vornimmt: Es ist Ausdruck der Gnade, wie wir sie in unserm Leben erfahren haben. Jede Gabe ist mit einer besonderen

Begabung verbunden. Und jede Gabe enthält auch eine Aufgabe, einen Auftrag, etwas, das an uns liegt zu tun.

„prophetisch reden“

Das wird am deutlichsten, wenn wir uns die erste Gabe, die Paulus nennt, genauer anschauen: die Gabe, „prophetisch zu reden“. Menschen, die prophetisch reden können, haben einen guten Blick für das Übernächste. Sie ahnen oder spüren deutlich, worauf etwas hinausläuft und was jetzt zu tun ist. Prophetische Menschen können Tendenzen erkennen und Zusammenhänge deuten. Sie sehen zum Beispiel, dass der Energieverbrauch unserer Gemeindehäuser etwas mit der Bedrohung der Schöpfung zu tun hat, und sie definieren einen Handlungsbedarf: So und so müssten wir uns verhalten, damit wir dieses Problem lösen. Diese Menschen denken konzeptionell und können andere von neuen Wegen überzeugen. Das ist ihre besondere Begabung. Wenn es sie nicht gäbe, würde eine Gemeinde wohl schnell in den vertrauten Gewohnheiten stecken bleiben. Aber Propheten haben auch eine Aufgabe: Sie müssen die Spannung zwischen dem Übernächsten und dem Nächsten aushalten. Sonst werden sie lieblos und ungeduldig. Paulus schreibt das so: „Ist jemand prophetische Rede gegeben, so übe er sie dem Glauben gemäß.“ Meister Eckart, der Mystiker des Mittelalters, hat einmal gesagt: „Der wichtigste Mensch ist immer der, der dir gerade gegenüber steht. Und der wichtigste Augenblick ist immer jetzt.“ Wer das beachtet, verhält sich dem Glauben gemäß. Für Menschen mit einer prophetischen Gabe heißt das: Dass sie sehen, was anliegt – und dass sie sich dem Menschen zuwenden, der gerade vor ihnen steht. Dass sie nicht aufhören, von großen Zielen zu träumen, aber dass sie die Schritte dahin gemeinsam mit andern gehen. Mögen sie auch den Alltag einer Gemeinde organisieren, mit allen Kleinigkeiten, die dazugehören – aber dabei immer wissen: Wir tun es für Gott, damit die Kirche wächst und Menschen in ihr ein Zeugnis des Glaubens finden. Die Propheten der Gemeinde können das Übernächste sehen, und es ist gut, wenn sie dabei die Liebe zum Nächsten nicht verlieren. Ich würde es auf die Formel bringen: „sich trauen, groß zu denken - und im Kleinen handeln". Das wäre das christliche Amt der Prophetie.

„ein Amt führen"

Aber eine Gemeinde besteht nicht nur aus Propheten. Die zweite Gabe des Heiligen Geistes ist die, ein Amt zu führen. Ämter sind wichtig, weil sie den christlichen Glauben sichtbar machen. Sie bringen den Glauben in eine verbindliche Form. Wer bei uns als Hauptamtlicher oder Ehrenamtlicher mitarbeitet, der nimmt eine bestimmte Rolle ein, an der man ihn erkennt. Mit dem, was einer tut, steht er für die Glaubwürdigkeit der Kirche ein. Wer ein Amt innehat, soll den andern dienen, sagt Paulus. Ein Diener ist einer, der andern hinterhergeht, seine Bedürfnisse sieht und sich bemüht sie zu erfüllen. So sollen auch die, die ein Amt in der Kirche übernehmen, dem hinterhergehen, was die Menschen in ihrer Gemeinde beschäftigt. Das mag manchmal schwierig sein, weil Menschen unterschiedliche Bedürfnisse haben und sich in ihren Erwartungen an die Kirche auch nicht immer klar aussprechen. Die besondere Begabung der Haupt- und Ehrenamtlichen ist, dass sie selbst Klarheit darüber besitzen, was sie mit der Kirche verbindet, und dass sie so den Glauben an Gott sichtbar machen können. Ihre Aufgabe ist es, den Menschen mit ihrer eigenen Klarheit zu dienen.

lehren

Manche klagen heute über die „Beliebigkeit" in der Kirche, dass in ihr anscheinend alles möglich und erlaubt ist. Hier kommt die dritte Gabe ins Spiel, die Paulus die Gabe zu lehren nennt. „Ist jemand Lehre gegeben, so lehre er", schreibt Paulus. Lehrer und Lehrerinnen sind Menschen, die Worte und Bilder hüten und darauf achten, ob sie noch zum Grundton des Evangeliums passen. Darum gehört zu ihrer Aufgabe auch die Unterscheidung zwischen richtig und falsch. Wer andere in Glaubensdingen unterrichten will, darf sich vor dieser Unterscheidung nicht drücken, so unpopulär sie heute auch ist. Lehrer haben die Aufgabe, die Sprache für gemeinsame Erfahrung wachzuhalten, dafür zu sorgen, dass sich die Glaubenden überhaupt noch auf das verständigen können, was ihnen als gemeinsame Erfahrung geschenkt worden ist. Zum Beispiel das Wort „Heiliger Geist“: Natürlich könnte man für das Wort „Heiliger Geist“ auch andere Wörter erfinden, „große Kraft“, „Energie“, „Weltgeist“ oder was auch immer. Die Erfahrungen, die man damit zu beschreiben versucht, sind möglicherweise ähnlich, vielleicht aber auch nicht. Die herbeigesuchten und zu schnell erfundenen Worte türmen sich aufeinander wie die Steine beim Turmbau von Babel. Am Ende weiß keiner mehr, was sie eigentlich darstellen sollen. Hier gibt es eine Grenze, an der Aussagen über den Glauben falsch werden. Sie sind falsch, wenn sie nicht mehr dazu dienen, sich mit andern über den eigenen Glauben zu verständigen, wenn sie stattdessen zu einer Geheimsprache werden, in der man eigene Erfahrungen hofft konservieren zu können. Lehrer und Lehrerinnen haben die Aufgabe, hier für eine Öffnung zu sorgen und Brücken zu bauen, damit Menschen an der Verbindlichkeit von Glaubensaussagen teilhaben können. Wer in Glaubensdingen richtig und falsch auseinanderhalten will, der braucht allerdings gute Kriterien, und die gewinnt er nur in der Auseinandersetzung mit der eigenen Lebenserfahrung. Paulus schreibt: „Ist jemand Lehre gegeben, so lehre er.“ Lehrer und Lehrerinnen sind passiv, bevor sie andern sagen, was in Glaubensfragen richtig und was falsch ist. „Ist jemand Lehre gegeben, so lehre er“ – das bedeutet: dass Lehrer ihr Urteilsvermögen empfangen, sie machen es nicht selbst. Sie halten in Treue fest an dem, was sie selbst gelernt haben, und warten darauf, dass sie erkennen, was sie weitergeben können. Die Begabung der Lehrer ist dieses Warten-Können. Und es ist zugleich auch ihre Aufgabe, ihre größte Herausforderung.

„Ermahnung“

Die vierte Gabe ist die Gabe der Kritik. Jede Gemeinde braucht Menschen, die darauf achten, ob wir uns noch auf einem guten Weg befinden, ob dem Wissen auch Taten folgen und unser Glaube in der Gemeinde erkennbar bleibt. Ohne diese Menschen würden wir uns verlaufen und uns als Kirche selbst verlieren. Es gehört Mut dazu, seine Kritik auszusprechen. Aber manchmal hat man das Gefühl, dass es viel mehr Kritiker in der Kirche gibt als Menschen, die selbst mitgestalten. Vielleicht muss es die vielen Kritiker geben, weil die kleinen Dinge für uns Christen so sehr zählen und weil sich gerade am Umgang mit ihnen unsere Glaubwürdigkeit zeigt. Es kann aber auch sein, dass manche zwar ihre Begabung zur Kritik sehen, aber die Aufgabe, die damit verbunden ist, nicht mehr wahrnehmen. Hier gibt Paulus einen guten Hinweis. Paulus schreibt: „Ist jemand Ermahnung gegeben, so ermahne er." Das hört sich sehr schlicht an: Die Kritiker sollen Kritik üben - nicht mehr und nicht weniger. Die Kritik steht im Dienst, Veränderungen zu bewirken. Und dazu gehört die Kunst der Selbstbegrenzung: Man soll sich nicht in der Rolle des Kritikers einrichten. Gute Kritik fällt einem zu wie ein Geschenk, das man weitergibt. Und es ist die Aufgabe der andern, dieses Geschenk auch anzunehmen.

„Geben"

Das ist ja alles so intellektuell, könnte man jetzt denken. Glauben ist doch eigentlich eine Herzenssache, muss man denn da so viele Worte machen? Genau, sagt Paulus: „Gibt jemand, so gebe er ohne Hintergedanken, mit lauterem Sinn." Auch das ist eine Gabe. Gemeint ist die Bereitschaft, sich einzusetzen, mit Zeit, Geld und Ideen, ohne zu berechnen, ob sich das auch für einen selbst auszahlt – Paulus bezeichnet das ausdrücklich als eine besondere Gabe, die Gabe der Hingabe, ohne die es viel kälter in unseren Gemeinden wäre.

„Leiten"

Für das „Klima" in der Gemeinde sind alle verantwortlich, besonders aber die, die in der Kirche Leitungsfunktionen übernehmen, die für die Organisation der Gemeinde zuständig sind, der Kirchenvorstand und das Pfarramt, die Superintendenten und Bischöfe. „Steht jemand der Gemeinde vor, so sei er sorgfältig", schreibt Paulus. In dem Wort „Sorgfalt" ist das Wort „Sorge" enthalten. Sorge meint eine herzliche Beziehung zu dem, was sich da alles in unserer Gemeinde entfalten will. Die Leitung soll nicht von oben herab geschehen, sondern in Beziehung zu denen, die sich leiten lassen. Im letzten Herbst haben wir mit unserm Kirchenvorstand im Rahmen einer Fortbildung einen Tango-Workshop gemacht: Da ging es um das Führen und Sichführen-lassen, und uns ist klar geworden, wie groß die Bedeutung der Beziehung zwischen beiden ist, zwischen den Leitenden und den Geleiteten. Beide haben die Aufgabe, auf Augenhöhe miteinander zu agieren, und je mehr dies gelingt, desto besser ist die Führung, desto klarer sind die Ziele und der Weg, den man geht.

„Barmherzigkeit"

Eine Gabe fehlt noch - sie ist für das gute Klima in der Gemeinde unverzichtbar: Das ist die Gabe der Diakonie, die sich in Mitgefühl und Empathie zeigt und der Fähigkeit, sich für die Schwachen einzusetzen, ihre Schwäche mitzutragen und ihrer Kraft aufzuhelfen. Auch diese Gabe ist mit einer Aufgabe verbunden. Paulus schreibt: „Übt jemand Barmherzigkeit, so tue er´s gern." Es ist ein Zeichen von Professionalität, wenn man andern gern hilft. Zur Nächstenliebe soll niemand gezwungen werden. Die Barmherzigkeit gilt auch für einen selbst. Die Aufgabe besteht darin, in sich immer wieder die Freiheit zu finden, die es einem ermöglicht, sich andern Menschen zuzuwenden. Auf diese Freiheit kommt es in der Diakonie ganz besonders an.

Wünsche für das Wachsen der Gemeinde

Das sind die sieben Gaben, die der Heilige Geist einer Gemeinde schenkt. Ich zähle sie noch einmal auf: prophetisch reden, ein Amt führen, lehren, ermahnen, Hingabe, Leitung und Barmherzigkeit. Es gibt wahrscheinlich nur wenige Menschen, die alle sieben auf einmal besitzen. Aber je genauer wir wissen und einschätzen können, worin denn unser Anteil am Heil besteht, welche Begabung und Aufgabe gerade wir verliehen bekommen haben, desto besser können wir uns auf andere einstellen und mit ihnen gemeinsam Kirche sein - Leib Christi, in aller Unterschiedlichkeit und Verbundenheit. Ich wünsche Ihnen, dass Sie Freude haben, Ihre Gabe zur Anwendung zu bringen. Möge der Heilige Geist, der in uns wirkt, unsere Gemeinden mit Leben füllen - uns zum Segen und der Welt zum Zeichen. Amen.

Mit Hiob staunen lernen

Predigt über Hiob 40-42, am 4. Sonntag nach Trinitatis

Lieber Bruder Hiob, was bedeutet es, an Gott den Schöpfer zu glauben? Wie sieht das aus? Was genau denkt man da eigentlich, was fühlt man, was ahnt man vom Leben? Wenn jemand dafür eine Antwort weiß, dann bist du es, Hiob. Du Mensch mit der offenen Wunde. Der sich im Kreis dreht und um Antwort bettelt. Du bist der traumatisierte Mensch, der den Anschluss an die Zukunft verloren hat. Bis dich am Ende der Schöpfer zur Ordnung ruft. Er holt dich wieder hinein in seine Welt und lehrt dich das Staunen. Erst da bist du geheilt. Erst da hast du dein Mensch-Sein wieder.

Wir kennen dich, Hiob. Du bist eine Seite unseres Lebens. Eine Seite in uns ahnt unsere Sterblichkeit. Wir spüren, dass wir uns gegen den Tod stemmen – und scheitern können. So wie du. Du begegnest uns in den Lebensgeschichten vieler Menschen. Er hat so gekämpft und hat am Ende doch verloren. Sie war so tapfer, aber das Schicksal hat ihr einen Strich durch die Rechnung gemacht. Warum gerade er? Warum gerade sie? Warum gerade ich? Wie kann das Schicksal so ungerecht sein?

Deine Geschichte, Hiob, ist eine Geschichte der Wiederholung. Am Anfang wiederholten sich bei dir die Erfolge. Du hattest mehr Viehherden als jeder andere in deinem Land. Du warst gerüstet für Trockenzeiten und für Zeiten, in denen man weit wandern muss, um geeignete Weideflächen zu finden. Sieben Söhne und drei Töchter sind dir geschenkt worden. Du hast ein gutes Leben geführt. Und du hast es gut gehabt. Für dich war das ein und dasselbe. Du bist gar nicht auf die Idee gekommen, dass es dir schlecht gehen könnte, *obwohl* du ein guter Mensch bist, fromm und freundlich zu deinen Nachbarn. Für dich hat sich alles nach einer schönen Regelmäßigkeit abgespielt. Und du hast daraus geschlossen, dass wohl Gottes Segen auf deinem Haus ruhen muss. Du bist regelmäßig im Tempel gewesen und hast Opfer gebracht. Das war deine Vorsorge für die Zukunft. Es sollte alles so bleiben, wie es ist, glücklich und fromm. Aber es kam anders.

Eine Hiobsbotschaft: Das ist immer die schlechte Nachricht, die zu viel ist. Wenn das Fass schon voll ist. Wenn der Mensch schon am Boden liegt. Dann tritt das Schicksal oder wer auch immer noch einmal drauf. Zurück bleibt der traumatisierte Mensch, der sein Leid nicht mehr verarbeiten kann. In seinem Kopf dreht sich die Geschichte weiter, und sie kennt nur noch eine Richtung: abwärts. Das Leiden hat sich so im Denken und Fühlen festgesetzt, dass dieser Mensch kein Glück, keine Wahrheit, keine Gemeinschaft mehr wahrnimmt. Die Welt ist eingefärbt durch das, was da in der Vergangenheit geschehen ist. Wenn die Sonne in einem bestimmten Winkel durch das Fenster fällt oder die Uhr zu einer bestimmten Uhrzeit schlägt, dann zuckt er zusammen: Da wird die Stunde wieder wach, in der er die Nachricht bekommen hat, sie steht neben ihm, diese Minute, diese Sekunde, widerwärtig gegenwärtig, durch keine Gegenerfahrung zu beheben.

So war es bei dir, Hiob. Erst kam die Nachricht, dass die Tiere gestohlen und die Knechte ermordet worden sind. Dann kam die Nachricht, dass beim Einsturz des Hauses alle zehn Kinder ums Leben gekommen sind. Und als drittes hast du eine schwere Hautkrankheit bekommen, die dir das Leben noch zusätzlich zur Hölle macht, Geschwüre vom Kopf bis zur Fußsohle. Wie kann das Schicksal so ungerecht sein? Wie kann es sein, dass sich so viel Unglück im Leben eines Menschen häuft? Noch dazu eines Menschen, der sich bemüht gut und freundlich zu sein, während andere, die sich einen Teufel um das Leben der andern scheren und denen Gott egal ist, ihr Leben genießen dürfen? Wie kann das sein? Es ist ein uraltes Menschheitsthema. Die Menschen der Bibel haben sich intensiv mit dieser Frage beschäftigt und viele Antworten gefunden. Sie sind im Buch Hiob aneinandergereiht und nicht immer logisch aufeinander bezogen. Aber die Redakteure, die das Material gesichtet und geordnet haben, wollten keine dieser Antwortmöglichkeiten ausschließen. Wie könnte man deine Leidensgeschichte deuten?

Antwort 1 ist: Gott hat mit dem Teufel gewettet. Da hat etwas stattgefunden, das sich menschlicher Gestaltungsmöglichkeit ganz und gar entzieht. Du kannst als Mensch rufen und beten, aber wenn die großen Mächte etwas entscheiden, dann bist du, kleiner Mensch, der letzte, der hier etwas zu sagen hätte. Diese Antwort kommt dem Erleben eines traumatisierten Menschen sehr nah. Sie spiegelt den Kälteeinbruch, das In-sich-Zusammenfallen schützender Grenzen. Etwas erstarrt: der kleine Funke natürlicher Liebe zu dem Gott, dem man alles verdankt. Da ist nur noch ein großes und seltsames Prinzip. Aber warum wettet Gott? Warum stellt er das Leben eines Menschen für ein Spiel zur Verfügung? Warum setzt er den Glauben eines Menschen überhaupt einer Prüfung aus – freut er sich denn nicht, wenn ein Mensch sich so mit ihm verbunden weiß?

Antwort 2 heißt: Das alles hat einen Sinn – du siehst ihn bloß noch nicht. Das ist die Antwort der Freunde von Hiob, die übrigens erstaunlich gut theologisieren können. Sie versuchen dich dazu zu bringen, noch mal in dich zu gehen: ob du nicht etwas übersehen hast, ob du nicht doch einen Fehler gemacht hast, der Gott zur Weißglut gebracht hat, so dass dein Schicksal dann doch verdient und selbst herbeigeführt wäre. „So viel Pech, da musst doch etwas bei dir nicht stimmen. Deine Art, immer alles negativ zu sehen. Ist doch kein Wunder, wenn man da krank wird! Irgendetwas hast du sicher falsch gemacht, das kann doch nicht aus heiterem Himmel gekommen sein. Vielleicht hast du noch nicht hart genug an dir gearbeitet.“ - Diese Antwort hat den Vorteil, dass sie deine Freunde schont. Sie müssen sich nicht fragen: Und ich? Was ist mit mir, wenn das Schicksal in meinem Leben einbricht und alles Gute zu Nichte macht? Halte ich dann stand? Oder werde ich irre an Gott und der Welt, verlasse ich mein Haus der Sicherheit und werde wie du, Hiob, ein Mensch, mit dem sich keiner mehr unterhalten mag?

Es gibt die 3. Antwort. Das ist die, die wir vorhin gehört haben. Sie war wohl schon für die Menschen damals die überzeugendste gewesen, denn die Redakteure haben sie an den Schluss des Buches Hiob gesetzt. Der Schöpfer spricht ein Machtwort. Er ruft dich zur Ordnung. Er weckt deinen Sinn für die Schönheit. Um zu verstehen, warum das eine Antwort ist, müssen wir noch einmal zu dir zurückkehren, Hiob. Zu deinem Selbstmitleid. Wir sehen dich festsitzen im Jammertal. Und wir stellen uns vor, wir wären an der Stelle deiner Freunde und würden versuchen, dich aufzubauen. Was wir auch sagen: Du drehst es ins Negative. Du ziehst uns nach unten. Unsere Worte werden immer gewalttätiger. Irgendwer muss hier doch mal ein Machtwort sprechen, das dich herausholt aus deinem Sumpf! Unter unsern Worten wird es immer einsamer und kälter um dich. Dir ist die Selbstverständlichkeit des Glücks verloren gegangen. Du findest in dir keine Ordnung, die dich lehrt, dem Leben zu vertrauen. Der Kreislauf des Lebens, früher ein schöner Gedanke, ist jetzt ein brutales Überfluten deiner Wünsche und Interessen. Du fühlst dich ausgesetzt, das ist kein Spiel, für dich jedenfalls nicht, es ist auch keine Bewährungsprobe. Es ist bitterer Ernst. Und wer dir antworten will, muss diesen Ernst aufbringen.

So kommt es auch. Gott spricht ein ernstes Wort mit dir. „Wo warst du, als ich die Erde gegründet habe? Weißt du, wie breit sie ist? Hast du die Wolken gezählt? Kennst du das Verhalten der Löwen? Gibst du den Raben zu fressen?“ Strenge Fragen. Aber Gott stellt sie nicht, um dich einzuschüchtern. Er will dich herausholen aus deinem Trauma. Er will den Zwang, das Negative wieder und wieder durchleben zu müssen, aufbrechen. Hier, schau doch mal! So lautet sein schöpferisches Machtwort. Energisch und mit viel Zeit und Gründlichkeit lehrt dich der Schöpfer das Staunen. Über den Kreislauf des Wassers, über die Morgenröte und das Wissen der Tiere. Wie prächtig sie gebaut sind. Wie klug sie ihre Nester bauen und ihre Höhlen verteidigen. Wie stark sie sind. Wie schön anzusehen. - Das ist das beste Mittel gegen ein Trauma. Wenn du wieder staunen kannst. Wenn du etwas Neues erwartest, das dem alten Kreislauf nicht entspricht. Und sei es der überraschende Flug eines Vogels. Dann bist du wieder offen für die Zukunft.

Wir können viel von dir lernen, Hiob. Auch wir erleben Zeiten, in denen wir uns nicht freuen können, Zeiten, in denen der Schmerz uns im Griff hat und wir nur das Negative sehen. Von dir können wir lernen, uns Dinge zu merken für bessere Zeiten. Das Wachsen einer Blume. Das Sich-Schütteln einer Taube. Die Farben am Himmel.

Das Muster, das die Sonne auf einer Häuserwand hinterlässt. Wir können uns das alles merken und wissen: Es *ist* schön. Auch wenn *ich* es jetzt nicht merke. Wenn es mir später wieder gut geht, werde ich diese Augenblick herausholen und mich nachträglich darüber freuen. Und es wird so oder so ein Teil meines Lebens sein.

Dennoch: Es gibt Leid, das durch kein Machtwort beendet wird. Menschen, die sich von dem erlebten Trauma nicht erholen können. Die keinen Weg ins Freie finden. Es sind ihre Schicksale, die uns über deine Geschichte hinausführen, Hiob. Hier reicht die Antwort, die dir der Schöpfer gegeben hat, nicht aus. Hier muss noch etwas kommen. Eine noch größere Antwort. In deiner Geschichte finden wir einen kleinen Hinweis. Da stehen, ganz versteckt, in Gottes Rede an dich die Worte: „Meinst du, der wilde Stier wird dir dienen wollen und wird bleiben an deiner Krippe?" Du bist ein Mensch wie wir, Hiob. Deine ehrliche Antwort wäre: Nein, der wilde Stier wird mir nicht dienen wollen, und er wird auch nicht an meiner Krippe stehen bleiben.

Als Jesus Christus im Stall von Bethlehem geboren wird, steht ein Ochse mit an der Krippe. Spätere Generationen haben die Bemerkung mit dem wilden Stier in die Weihnachtsgeschichte hineingedeutet und damit einen Bezug geschaffen zwischen Jesus und dir. Der Ochse ist der gezähmte Stier, der dem Menschen dient. Er ist ein Hinweis darauf, dass mit diesem Menschen, Jesus Christus, eine wilde und zerstörerische Kraft gebändigt wird. Nichts anderes ist seine Auferstehung: eine Bändigung der Macht des Todes. Der Schöpfer geht hier, mit Jesus Christus, noch einen Schritt über seine Schöpfung hinaus: Denn nun werden Raum und Zeit noch einmal neu erfunden. Was kommt, wird irgendwie anders sein, der Tod wird überwunden sein. Dass wir uns das nicht vorstellen können, ist kein Wunder, weil Gottes Schöpfermacht unsere Kreativität um ein vielfaches übersteigt. Aber es gibt Momente, in denen ahnen wir, wie Gott die Welt neu schafft. Ein kurzes Aufblitzen, eine kurze Vergewisserung in unserer Hoffnung. Wann immer du uns begegnest, Hiob, wir werden an deine Worte denken: „Ich hatte dich nur vom Hörensagen vernommen. Nun aber hat mein Auge dich gesehen." Denn das ist das größte Glück: den Schöpfer am Werk gesehen zu haben. Amen.

Kein TÜV für Christen

Predigt über Lukas 7,36-50, am 11. Sonntag nach Trinitatis

Liebe Gemeinde! Wenn es einen TÜV für Christen gäbe: Woran würde man den echten Christen erkennen? Was unterscheidet einen echten Christen von einer Mogelpackung? Immer wieder wird so ein TÜV gefordert. Gerade heute gibt es viele, die sagen: Nun sagt doch endlich mal, was christlich ist! Kirche, steh doch mal zu deinem Bekenntnis! Ein Christ zu sein ist doch nicht irgendwas. Christsein, das heißt, dass man bestimmte Regeln im Miteinander einhält. Dass man die Bibel kennt. Dass man sich an Gottes Wort hält und so lebt, wie Gott es gewollt hat. - Was macht einen echten Christen aus?

Unser Predigttext für heute gibt darauf eine sehr schlichte Antwort, die alle, die sich einen TÜV für Christen wünschen, wahrscheinlich enttäuschen wird. Unser Predigttext sagt nämlich: Einen echten Christen erkennt man an der Dankbarkeit. Und dazu erzählt er eine Geschichte, die einfach und kompliziert zugleich ist. Schauen wir uns diese Geschichte näher an!

Jesus trifft auf zwei Menschen, wie sie unterschiedlicher nicht sein könnten: einem Mann und einer Frau. Der Mann hat einen Namen: Er heißt Simon. Er hat ein Haus, in das er Jesus einlädt, gemeinsam mit anderen Gästen. Er ist ein an Bildung interessierter Mensch, der sich mit der Heiligen Schrift auskennt und die Tradition hochhält, ein engagierter Pharisäer. Er möchte Jesus kennenlernen, es hat ihn neugierig gemacht, wie Jesus auftritt.

Die Frau in dieser Geschichte hat keinen Namen. Sie hat einen schlechten Ruf, durch den sie bekannt ist. Im griechischen Urtext steht das Wort: „hamartolos“. Das bedeutet: untreu, sündhaft, jemand, der die Ehe gebrochen hat. In der Geschichte wird erzählt, dass sie in der ganzen Stadt bekannt ist. Manche Ausleger schließen daraus, dass es sich um eine Prostituierte gehandelt haben muss. Jedenfalls scheint sie keine arme Frau zu sein, denn sie kauft ein Glas mit Salböl für Jesus.

Der Mann und die Frau treten an Jesus heran: der eine, wie es aussieht, als wohlwollender Gastgeber, die andere, wie es scheint, mit einer aufdringlichen Gebärde. Doch wie so oft in Geschichten, in denen Jesus Menschen begegnet, dreht sich die Wahrnehmung von „gut und böse“ auf einmal um. Am Ende kommt nicht das heraus, was auf den ersten Blick normal erscheint. Von den schlechten Menschen, den Versagern und moralisch schuldig Gewordenen kann man auf einmal etwas für den eigenen Glauben lernen.

Wie müsste diese Geschichte weitergehen: Jesus als Gast im Haus, und eine stadtbekannte Ehebrecherin oder sogar Prostituierte verschafft sich Zugang? Man würde sie rauswerfen, ja man müsste es sogar, wenn sie sich ungebeten dem Gast im Haus nähert. Aber Simon, der Gastgeber, wirft die fremde Frau nicht raus. Stattdessen wartet er gespannt, was Jesus jetzt tut. Wird er die Frau durchschauen? Wird er das Ausmaß ihrer Sünde erkennen und sie in die Schranken weisen? Ist er ein richtiger Prophet? Simon ist neugierig auf Jesus wie auf eine Zeitung. Dieser Jesus liefert einen willkommenen Beitrag zur Unterhaltung bei Tisch, so oder so. Ob er sich nun auf die Frau einlässt oder sie wegschickt: Man darf gespannt sein. Vielleicht sagt er am Ende noch etwas, über das man sich weitere Gedanken machen könnte. Anregend ist er allemal, dieser Jesus!

Schauen wir noch einmal auf die Frau. Sie tritt an Jesus heran: eine Frau, deren Gesten auf den ersten Blick obszön wirken. Sie küsst seine Füße und benutzt ihre Haare als Handtuch. Das Befremden der Tischgesellschaft kann man sich leicht vorstellen, wenn man sich überlegt, wie man selbst in der Fußgängerzone auf die theatralischen Gebärden mancher Bettler reagiert. Die meisten Menschen geben lieber Straßenmusikern Geld als Leuten, die einen Beinstumpf oder ein Foto von einem schmutzigen Kind vorzeigen. Jesus aber sieht sie anders und weiß ihren Kuss zu deuten: als Ausdruck von beschmutzter Liebe, die sich nichts sehnlicher wünscht, als wieder zu ihrem Anfang zurückzukehren und von Gott angenommen zu sein. Jesus bringt den Unterschied zwischen diesen beiden Menschen auf den Punkt, indem er ein Gleichnis erzählt: Zwei Menschen können ihre Schulden nicht zurückzahlen.

Der Kreditgeber erlässt sie ihnen. Wer von beiden hat mehr Dankbarkeit: der große oder der kleine Schuldner? Simon kennt die Antwort – zumindest theoretisch: Wem viel vergeben worden ist, der empfindet mehr Dank als einer, der im Großen und Ganzen das Gefühl hat, ein ganz ordentlicher Mensch zu sein.

Wie in einem Karussell drehen sich die drei Menschen in dieser Geschichte umeinander und stehen am Ende ganz anders da als am Anfang. Der eine hatte ein interessantes Gespräch erwartet, etwas mehr Aufschluss über seine Person und vielleicht den einen oder andern klugen Gedanken, über den es sich lohnt nachzudenken. Die andere hat Rettung erwartet, Heilung, frei werden. Nicht weniger. Es ist diese zweite Haltung, von der Jesus sagt: „Dein Glaube hat dir geholfen." Es ist dieses hemmungslose Sich-Zur-Verfügung-Stellen, das Jesus als „Glauben" bezeichnet. Noch vor dem klugen Gespräch und der höflichen Einladung zählt das: die absolute und rückhaltlose Hingabe an Gott, auf den man sich zutiefst angewiesen fühlt. Hier sieht Jesus den Glauben eines Menschen am Werk. Da wo einer nicht weiter kommt, ohne sich in Gottes Hände fallen zu lassen. Und voller Dankbarkeit in einem neuen Leben erwacht und endlich spüren darf: Ich werde getragen. Gott meint es immer nur gut mit mir. Da ist kein Schatten, den Gott nicht zu seiner Sache machen würde. Bei ihm bin ich zutiefst geborgen. Aus dieser Dankbarkeit erwachsen Wärme und Güte für andere Menschen: echte Anteilnahme am Schicksal anderer und Liebe zu den Schwachen. Diese Haltung setzt sich wohltuend ab von denen, die den richtigen Weg immer schon wissen.

Im Rückblick fällt auf, wie kühl die Atmosphäre im Haus des Pharisäers war: kein Wasser, um sich die Füße zu reinigen, kein Handtuch, auch kein Begrüßungskuss. Die Kälte rührte wohl daher, dass Simon das Gespräch mit Jesus für ein Spiel hält, für ein Stück gute Unterhaltung.

Es bleibt offen, ob Simon sich von Jesus hat belehren lassen. Vielleicht bleibt Jesus für ihn das, was er von Anfang an schon war: ein seltsamer Gast. Die Frau dagegen vertraut Jesus – so sehr, dass sie sich über Regeln und Standesgrenzen hinwegsetzt. Natürlich geht man nicht einfach in ein fremdes Haus, das weiß sie auch. Aber wenn das der Ort ist, wo sich das eigene Schicksal wendet, weil Gott einen zu sich ruft, dann tut man es doch. Die Frau bekommt neue Freiheit geschenkt: Sie hat ihr Gesicht wieder und darf ihre Liebe zeigen, ohne dass sie anstößig wirkt, zumindest auf Jesus nicht. Das ist die Botschaft unseres Predigttextes. Sie ist aktueller, als wir vielleicht auf den ersten Blick glauben mögen.

2013 ist eine Orientierungshilfe der Evangelischen Kirche in Deutschland erschienen. Sie trägt den Titel: „Zwischen Autonomie und Angewiesenheit. Familie als verlässliche Gemeinschaft stärken." Die Autoren gehen von der Beobachtung aus, dass Familien heute anders sind als noch vor 20 Jahren. Die Familienformen haben sich vervielfältigt, und es ist ein buntes Bild entstanden, das das Idealbild der Kleinfamilie ergänzt und erweitert. Familien ist Ostdeutschland sehen anders aus als Familien in Westdeutschland, dazu kommen viele Migrantenfamilien und die Familien von Alleinerziehenden oder Patchworkfamilien. Die Denkschrift sieht Familien als verlässliche Gemeinschaften, in denen Menschen füreinander einstehen. Das können auch Alleinerziehende mit großfamiliärem Hintergrund sein oder gleichgeschlechtliche Partner mit den Kindern eines Elternteils aus einer früheren Ehe. Was zählt, ist die Bereitschaft und Fähigkeit, eine verbindliche Partnerschaft einzugehen und füreinander zu sorgen.

Um diese Orientierungshilfe ist eine erbitterte Debatte entbrannt. Die Kritiker sehen in ihr den Verrat an den Normen von Bibel und Bekenntnis und fordern den Rat der EKD auf, dieses Buch zurückzunehmen oder durch ein neues zu ersetzen, in der die traditionellen Werte stärker berücksichtigt werden. Sie sehen eine Gefahr darin, wenn die Kirche sich zu sehr dem Zeitgeist verschreibt. Statt dem hinterherzulaufen, was sich in der Gesellschaft durchgesetzt hat, sollte die Kirche mutig ihr eigenes Leitbild vertreten und bekannt machen: Und das ist nach Meinung der Kritiker die Familie mit Vater, Mutter und Kindern.

Unser Predigttext für heute kann uns helfen, in diesem Streit Position zu beziehen. Denn eines macht er vor allem andern deutlich. Noch bevor wir selbst mit unseren Familien, so gut oder schlecht, so vorbildhaft oder unvollständig sie sein mögen, im

Mittelpunkt stehen, gilt: Wir sind Familie am Tisch des Herrn. Wir alle. Es gibt etwas, das uns alle über Geschmacks- und Standesgrenzen hinweg verbindet, nämlich die Gemeinschaft mit Jesus Christus. Von hier aus betrachtet gewinnt die Vielfalt Profil. Wir alle leben mit und in unseren Familien von der uns zugesprochenen Gnade. Der Glaube an Jesus Christus führt dazu, dass wir uns für unser Zusammenleben mit andern Menschen eine bestimmte Form suchen, aber er führt auch dazu, dass wir die Lebensformen anderer, die mit der gleichen Liebe und Sorge eingegangen werden, respektieren und achten. Ehe und Familie sind besonders sensible Bereiche des Lebens: Hier sind Menschen verletzlicher und schutzbedürftiger als es sonst der Fall ist, so dass die Versuchung, andere einem TÜV zu unterziehen, in diesem Bereich auch besonders groß ist. Umso deutlicher muss man sagen: Niemand hat dazu das Recht. Das Anliegen der Denkschrift liegt in der Perspektive unseres heutigen Predigttextes – nämlich einen Blick auf die Würde heutiger Familien zu richten, auch wenn ihre Form nicht immer unserer Norm entspricht.

Man wünscht sich in dieser Debatte einen nachdenklicher gewordenen Simon, einen, der gebildet ist, die Regeln kennt und weiß, wie man sich verhält, und der jetzt sagt: Wissen wir denn, was diese Menschen glauben? Wissen wir denn so genau, was ihnen Halt gibt? Wer kann ihnen ins Herz sehen? Jesus hat zu der Frau gesagt: „Dein Glaube hat dir geholfen. Geh hin in Frieden.“ Womit wollen wir das überbieten? Seht die fremde Frau an: ihre große Dankbarkeit für das neue Leben, das sie geschenkt bekommen hat. Wollen wir wirklich darüber urteilen, wenn Menschen Familien gründen wollen und dafür ungewöhnliche Formen finden? Wie viel ist uns die Liebe wert, die wirkliche Liebe, die sich zwischen Menschen ereignet und nicht immer unsern Vorstellungen folgt? Liebe, in der Gott sich möglicherweise wiedererkennt, auch wenn wir sie nicht anerkennen? Können wir das glauben? Was ist uns ein Glaube wert, der uns immer wieder fragen lässt, welchen Weg Gott mit uns gehen will? Können wir so glauben: so unbedingt und absolut auf Gottes Hilfe angewiesen? Amen.

Bilder im Kopf - zehn Gebote für den Umgang mit Erinnerungen

Predigt über die Zehn Gebote (2. Mose 20, 1-17), zur Goldenen Konfirmation

Liebe Gemeinde! Als ich in der letzten Konfirmandenstunde erzählt habe, dass wir heute Goldene Konfirmation feiern, fragte mich hinterher ein Mädchen sehr interessiert, was man denn alles machen müsse, um goldener Konfirmand zu werden. Sie war etwas enttäuscht, dass man dafür einfach nur 50 Jahre älter werden muss. 50 Mal Geburtstag feiern. 50 Mal Weihnachten und 50 Mal Neujahr. Und dann ist man ein goldener Konfirmand. Ich bin mir nicht so sicher, ob das Älterwerden tatsächlich so einfach ist. Plötzlich ist man verantwortlich für die Vorstellungen und Bilder, die man jeden Tag mit sich herumträgt. Vorstellungen davon, was das Leben lebenswert macht, Bilder von sich selbst, wie man ist und was einen ausmacht. Bilder auch vom Zusammenleben der Menschen: Dieses und jenes ist wichtig im Miteinander. Darauf möchte ich nicht verzichten.

Manche Bilder sind so selbstverständlich geworden, dass sie sich wie eine zweite Haut anfühlen. Ich kenne Menschen, die auch im hohen Alter noch darunter leiden, dass sie in ihrer Familie immer die Jüngsten waren. Sie fühlen sich auch mit 70 Jahren immer noch zu wenig ernst genommen und haben Angst, übersehen zu werden. Oder Menschen, die es gewohnt sind, immer für andere mitzudenken, weil sie das als Kind schon mussten. Sie trauen sich kaum, einmal übermütig zu sein und bekommen sofort ein schlechtes Gewissen, auch nach Jahrzehnten eigener Lebenserfahrung.

Je älter man wird, desto mehr hat man die Aufgabe, diese Bilder zu prüfen: ob sie überhaupt noch zu der Wirklichkeit passen, in der man lebt. Stimmen sie noch, die Bilder, die in meiner Erinnerung gespeichert sind? Bin ich nicht längst ein anderer geworden? Wie viel Wahrheit steckt in dem Bildervorrat, der in meinem Kopf gespeichert ist und mit dem ich täglich umgehe - mal mehr und mal weniger bewusst? Lassen Sie uns diese Fragen mitnehmen, wenn wir jetzt auf den Predigttext für heute schauen: die 10 Gebote, oder, wie es in einer modernen Übersetzung heißt: die zehn großen Freiheiten. 10 Regeln, die uns zeigen, wie wir in der Freiheit, zu der

Gott uns berufen hat, leben können. Für unsere Frage ist besonders das 1. Gebot interessant: „Ich bin der Herr, dein Gott. Du sollst keine andern Götter haben neben mir. Du sollst dir kein Bildnis noch irgendein Gleichnis machen: Bete sie nicht an und diene ihnen nicht!"

Dieses Gebot ist allen andern Geboten vorangestellt. Erst danach kommen die sehr konkreten Regeln für das Miteinander, wie: Du sollst nicht töten. Du sollst nicht ehebrechen. Du sollst Vater und Mutter ehren. Du sollst den Feiertag heiligen. Warum steht dieses Gebot am Anfang? Im Kleinen Katechismus heißt es in der Auslegung Martin Luthers zu diesem Gebot: „Wir sollen Gott über alle Dinge fürchten, lieben und vertrauen." Fürchten, lieben und vertrauen, und zwar vor allem: über alle Dinge. Das wird hier betont. Die Liebe zu Gott ist nur dann wirklich Liebe, wenn wir aufhören zu glauben, Gott ließe sich zu einem Gegenstand machen, den wir dann benutzen können. Darum wird an dieser Stelle vor einem falschen Umgang mit Bildern gewarnt.

Bilder haben die Gefahr, Gefühle und Beziehungen zu Dingen zu machen, die man manipulieren und im eigenen Sinne „gebrauchen" kann. Das ist die größte Sünde, zu der wir als Menschen fähig sind: uns dem Leben zu verweigern, indem wir feste Vorstellungen zu Göttern machen, denen wir alles opfern, die wir anbeten und denen wir huldigen, als hinge unser Glück davon ab. Gott ist größer. Bei Gott ist ein bildloser Raum, in dem Menschen ihren Bilderballast loswerden und zu sich finden. Ein Raum der Freiheit, in dem Liebe immer wieder ermöglicht wird. Das zweite Gebot bringt es noch einmal auf den Punkt: Du sollst Gottes Namen nicht für irgendetwas benutzen. Du sollst Gottes Raum nicht mit deinen eigenen Bildern vollstopfen. Du sollst seinen Platz in der Welt frei lassen. Das dritte bis zehnte Gebot sind Anweisungen, wie man die Macht der Bilder im sozialen Miteinander hinter sich lässt und überwindet.

„Du sollst den Feiertag heiligen." Heiligen bedeutet: die Bilder der letzten Woche sortieren und an ihren Platz weisen, damit der Freiraum um Gott wieder spürbar ist. Den Raum bei Gott kann man zwar nicht verlieren, man kann ihn aber vergessen. Darum sollen wir den Feiertag heiligen. „Du sollst Vater und Mutter ehren." „Ehren" heißt, dass du ihnen zugestehst, dass sie keinem Idealbild entsprechen. Sie sind ganz normale Menschen, wie du und ich, und keine Götter oder Teufel. „Du sollst nicht töten." Du sollst das Bild, das du dir vom andern gemacht hast, nie mächtiger werden lassen als seine Gegenwart. Du sollst dich bemühen die Andersheit des Andern immer wieder neu wahrzunehmen, auch wenn es dir schwerfällt. Das sechste Gebot ist: „Du sollst nicht ehebrechen." Denn der Bund der Ehe ist ein Bild des Bundes, den Gott mit den Menschen schließt. „Du sollst nicht stehlen." Du sollst nicht mit einem falschen Bild davon herumlaufen, was du alles haben musst und was dir eigentlich zusteht. „Du sollst kein falsches Zeugnis reden wider deinen Nächsten." Auch hier: Du sollst nicht mit einem falschen Bild davon herumlaufen, wer du alles sein musst und was dir eigentlich zusteht. Und die letzten beiden Gebote: „Du sollst nicht begehren deines Nächsten Haus. Du sollst nicht begehren deines Nächsten Weib, Knecht, Magd, Vieh noch alles, was sein ist." Das heißt: Du sollst deine eigenen Vorstellungen vom Leben nicht höher bewerten als das, was andere aus ihrem Leben machen. Deine Bilder sind nicht besser als die Bilder, die andere Menschen von ihrem Leben haben. Die zehn Gebote fordern uns auf zu einem behutsamen Umgang mit den Bildern, die wir in uns tragen.

Es gibt diese Tage, die anders sind, an denen wir auf uns selbst zurückgeworfen werden: Geburtstage, Weihnachten und Neujahr zum Beispiel. Gerade an solchen Tagen drängen Bilder der Vergangenheit an die Oberfläche. Das kann uns froh machen oder traurig, aber es bringt uns näher zu uns selbst. Die Goldene Konfirmation gehört auch dazu: Bilder der Vergangenheit kommen in unser Bewusstsein, die uns bis heute prägen und derer wir uns nicht immer bewusst sind.

Wir denken heute in der Gemeinschaft dieses Gottesdienstes zurück. Damals waren Sie Konfirmand oder Konfirmandin. Sie sind vom Pastor gesegnet worden für den Weg in die unbekannte Zukunft, die heute bekannte Vergangenheit für Sie ist. Können Sie sich daran noch erinnern? Wissen Sie noch, mit welchem Bild sind Sie damals losgezogen sind? War es vielleicht das Bild des guten Hirten, der Sie immer, auf allen Wegen, begleitet? Oder das Bild einer mit Kerzen geschmückten Kirche, in der man einem Geheimnis begegnen durfte? Vielleicht hat sich auch das Bild Ihrer

Eltern eingeprägt, die Sie stolz und gerührt nach der Konfirmation in Empfang genommen haben? Oder das Bild einer Feier, die Sie ernsthaft und beglückt zurückgelassen hat? Vielleicht sind für Sie auch belastende Bilder mit der Konfirmation verbunden: Bilder von einem strengen und unpersönlichen Pfarrer, von einem zu engen Konfirmandenanzug oder von einer misslungenen Familienfeier. Welches dieser Bild ist heute noch wahr? Was davon hat heute noch Macht über uns? Vielleicht machen Sie auch die Erfahrung, dass es Ihnen schwer fällt, sich zu erinnern. Vielleicht stellen Sie sich vergeblich die Frage, was von dem allen, was Ihnen durch den Kopf geht, denn nun wirklich so gewesen ist.

Es ist gut, dass nicht alles im Leben von unseren eigenen Erinnerungen abhängt. Erinnerungen können trügen, sie können künstlich vergoldet sein oder nachdunkeln, wenn man enttäuscht wurde. Nicht jede Erinnerung ist Gold wert. Darum ist es wichtig, dass wir in der Kirche auch gemeinsame Bilder hüten. Damit jeder einzelne unter uns seine Bilder immer wieder überprüfen kann. Bilder von Gottes Güte. So ist das, geliebt zu werden. So ist das, behütet zu sein. Bilder, in denen sich tiefe Erfahrungen spiegeln. Erinnerungen bewahren ihre Wahrheit nur, wenn man sie erzählen darf. Eine Erinnerung kann dann wahr bleiben, wenn Menschen da sind, die ihr das Ohr leihen, in der Offenheit eines Gesprächs und in der Kraft des Vertrauens, dass Gott das Ende der Geschichte schon kennt.

Aus diesem Grund feiern wir heute nicht ein Fest auf die goldene Vergangenheit. Stattdessen wollen wir danken für die Gemeinschaft unter uns, die ganz verschiedene Bilder trägt, weiterträgt und manchmal vielleicht auch er-trägt. Das macht unser Leben unendlich reich. In diesem Sinne feiern wir heute wirklich eine "goldene" Konfirmation: Es ist ein Fest des Dankes über den Reichtum und die Kraft der Erinnerungen, die wir miteinander teilen, weil es bei Gott einen Raum der Freiheit gibt, in der keiner den andern auf ein bestimmtes Bild festnageln muss. Wir sind frei, neu hinzuschauen und uns von unserm Nächsten überraschen zu lassen. Die Bilder, die wir voneinander haben, bewähren sich in der Liebe, oder sie verglühen. Was bleibt, ist eine offene Zukunft, in der Gott uns erwartet, so wie wir sind. Mit dieser Freiheit, den andern zu lieben und uns selbst, gehen wir in diesen Sonntag. Amen.

Reformatorinnen und ihre Lieder

Predigt über EG 67 zum Reformationstag

Liebe Gemeinde! Die Frauen der Reformation – das war viele Jahrhunderte lang kein Thema. Zu klein war die Zahl ihrer Werke, zu unbedeutend waren die, die sich oft unter schwierigen Bedingungen zu Wort gemeldet und in den Lauf der Geschichte eingemischt haben. Warum sollte man diesen Frauen so viel Aufmerksamkeit schenken? Was haben sie denn für die Reformation „geleistet"?

Wenn man genauer hinschaut, erlebt man eine Überraschung. Wer hätte gedacht, dass Frauen vor 500 Jahren schon so klug und energisch über den Glauben reflektiert haben! Das Recht zu predigen wurde ihnen auch von den Reformatoren verweigert. Und trotzdem haben sie beharrlich die Ideen der Reformation vorangebracht. In Sachen Toleranz waren sie ihren männlichen Kollegen manchmal weit voraus. Ihre Phantasie können wir nur bewundern. Ihren Mut und ihre Ausdauer auch! Ich möchte diese Frauen nicht als Opfer sehen. Obwohl sie benachteiligt waren, haben sie sich an der Reformation beteiligt und für sie gekämpft. Es liegt eine Tragik dahin, dass den Männern der Reformation gerade in dieser Hinsicht der Blick verstellt war – trotz aller Einsichten in vielen andern Bereichen des Lebens, mit denen sie Welt und Kirche bewegt haben. Aber in diesem Punkt waren und blieben sie blind.

Der Reformationsaltar in der Stadtkirche in Wittenberg zeigt die Männer der Reformation, wie sie taufen, Abendmahl austeilen, die Beichte abnehmen und predigen. Jeder von ihnen ist eine imposante Figur, mit einem markanten Gesicht, aus dem man den reformatorischen Eifer ablesen kann. In der Rolle des Predigers ist Martin Luther dargestellt. Man ahnt die Faszination, die von ihm ausgegangen ist, seine Kraft, die Tradition ganz neu zu denken und von der Priesterschaft aller Getauften zu reden. Aller getauften Männer. Aber auch: aller getauften Frauen?

Unter den Hörern sind viele Frauen: Sie stehen da und lauschen, klug und voller Andacht, durchaus kritisch und abwägend, man ahnt, dass die eine oder andere ihren eigenen Kopf hat. Man erkennt Katharina von Bora, sie steht mit ihren Kindern in der ersten Reihe. Die Namen der andern Frauen kennen wir nicht. Wahrscheinlich hat Lukas Cranach Frauen aus Wittenberg vor Augen gehabt, die sich den Reformatoren angeschlossen haben: als Ehefrauen und gebildete Bürgerinnen. Manche von ihnen waren aus dem Kloster geflohen und nun dabei, die soziale Rolle der „Pfarrfrau" zu erfinden. Man sieht auf dem Bild, dass sich die Frauen von Luthers Worten angesprochen fühlten - und so ist es in Wirklichkeit auch gewesen. „Sola scriptura" - allein was in der Bibel steht, hat Gültigkeit und ist Maßstab für das eigene Urteilen und Handeln. Viele Frauen waren besonders von diesem Gedanken fasziniert. Sie hatten eine gute Erziehung im Kloster genossen oder waren durch die Eltern gefördert worden. Und sie waren gebildet genug, um Luthers Gedanken weiterzudenken und ihrerseits Fragen dazu zu stellen. Martin Luther aber konnte sich keine Frau auf der Kanzel vorstellen. Über diesen Schatten ist er nicht gesprungen. Immerhin stand er in einem regen Briefaustausch mit einigen von ihnen.

Eine der Frauen, die Luther intensiv zugehört haben, war Elisabeth Cruciger, die erste Liederdichterin der evangelischen Kirche. Sie war in Pommern aufgewachsen und als junge Frau in einen Konvent eingetreten, der die Mission und Seelsorge in der Bevölkerung unterstützen sollte. Sie hatte Latein gelernt und war imstande, die Bibel auszulegen. Im Kloster nebenan wurde zu dieser Zeit ein neues Unterrichtsfach etabliert. Johannes Bugenhagen brachte den jungen Männern bei, dem Volk die Bibel nahezubringen. Elisabeth hat ihn oft predigen hören, und als Bugenhagen vier Jahre später nach Wittenberg zog, ging sie mit ihm und lebte in seinem Haus. Dann lernte sie den Theologiestudenten Caspar Cruciger kennen. Die beiden wurden 1524 von Martin Luther in Wittenberg getraut.

Wittenberg war damals eine blutjunge Universitätsstadt. Mit Luthers Thesenanschlag war sie schlagartig zum Zentrum der Reformation geworden. Viele junge Theologen zogen damals nach Wittenberg, weil sie das Gefühl hatten: Da kann ich mitmachen. Da werde ich gebraucht. Sie wollten Rüstzeug für ihre Kritik an der Kirche bekommen und gute Prediger im Sinne Martin Luthers werden.

Auch auf Elisabeth Cruciger muss dieser Funke übergesprungen sein. Davon berichtet die folgende Anekdote: Eines Nachts habe sie geträumt, dass sie in Wittenberg auf der Kanzel gestanden und gepredigt hat. Ihr Mann habe gelacht. Aber mit seiner Deutung des Traums zeigt er ihr auch einen Weg: „Vielleicht hat dich der liebe Gott für würdig befunden, dass dein Gesang, mit dem du zuhause immer umgehst, auch in der Kirche gesungen werden soll!"

Es traf sich, dass Martin Luther just zu diesem Zeitpunkt Lieder für ein Gemeinde-Gesangbuch suchte. Er wollte die Gemeinde zum Singen bringen, um sie so an der Verkündigung zu beteiligen. Und er hat Freunde und Kollegen gebeten, neue Lieder im evangelischen Geist zu dichten. Ob es Elisabeth selbst war, die Luther das Lied brachte, oder ihr Mann, oder ob irgendein Zufall es dem großen Reformator in die Hände spielte: Tatsache ist, dass Luther ein Lied von Elisabeth Cruciger zu lesen bekam und davon so begeistert war, dass er es in sein neues Gesangbuch mit aufnahm. Zuerst anonym, denn wer hätte schon ein Lied ernst genommen, das von einer Frau gedichtet worden war. Aber später wurde Luther mutiger und setzte den Namen der Autorin dazu. Ihr Lied steht bis heute in unserm Gesangbuch. Lassen Sie uns die ersten beiden Strophen des Liedes gemeinsam singen: EG 67, 1-2.

Elisabeth Cruciger ist eine Reformatorin - auch wenn nur dieses eine Lied von ihr überliefert ist. Jede der fünf Strophen setzt sich mit einem Hauptgedanken der Reformation auseinander. Der erste Gedanke: „Solus christus“ – allein durch Christus können wir Gnade bei Gott finden. Elisabeth Cruciger übersetzt diesen Gedanken in das Bild des Morgensterns, der klarer leuchtet als alle andern Sterne. Das ist die erste Strophe.

Die zweite Strophe beginnt mit den Worten: „für uns“. Damit kommen wir als Gemeinde in den Blick. „Für uns“ hat Christus den Tod zerbrochen und den Himmel aufgeschlossen. Auch das ist ein Grundgedanke der Reformation: dass der Glaube in der Gemeinde gelebt und von allen Getauften gemeinsam verantwortet wird.

Und dann die dritte Strophe. Sie ist eine Bitte. Die Gemeinde möge in Liebe und Kenntnis zunehmen, damit sie am Glauben bleibt und Christus dient. Gottes Reich können wir schon schmecken, und wir tun dies auch bei der Feier des Abendmahls, wenn wir Brot und Wein miteinander teilen. Aber unser Durst ist noch nicht gelöscht. Das ist die Haltung des Gebets: Wir wissen um Gottes Reich, wir spüren es mitten unter uns - aber die letzte Erfüllung steht noch aus.

Besonders interessant die vierte Strophe. Denn hier geht es um die Predigt. Das war der Traum von Elisabeth Cruciger: predigen zu dürfen und gehört zu werden. Sie schreibt: „Du Schöpfer aller Dinge, du väterliche Kraft, regierst von End zu Ende kräftig aus eigner Macht. Das Herz uns zu dir wende und kehr ab unsre Sinne, dass sie nicht irrn von dir." In der Predigt wirkt Gott selbst schöpferisch auf die Hörer ein. Der Prediger ist sein Werkzeug. - Es liegt ein Stück Tragik darin, dass Elisabeth Cruciger ihren Traum zu predigen nicht verwirklichen konnte. Wer weiß, was sie mit ihrer Predigt alles bewirkt hätte! Dass Gott selbst in der Predigt zu den Menschen spricht, mag sie trotzdem ermutigt haben, ihren eigenen Worten zu trauen und die Stimme singend zu erheben. Sie hat ihre Bildung und Erfahrung eingesetzt, um andern Menschen das Evangelium zu vermitteln. So bleibt sie dabei, dass sie das Recht hat, gehört zu werden. Und trotzdem ist sie demütig Gott gegenüber und überlässt ihm das letzte Wort. Ob einer etwas zu sagen hat, ist nicht sein eigener Verdienst. Es ist und bleibt Gottes Sache, welche Menschen er sich für den Dienst der Verkündigung auswählt. Das können Männer, das können aber auch Frauen sein. Es ist Gott, der hier die Wahl trifft.

In der 5. Strophe geht es um die Buße: Und wieder wird der Schöpfer direkt angesprochen. Nicht aus eigenem Verdienst, sondern sola fide – allein aus Glauben – geschieht die Vergebung. Im Vertrauen auf Gott stirbt der alte Adam und die alte Eva. Und der Mensch findet in Christus neues, unvergängliches Leben - so wie Gott es in der Taufe versprochen hat.

Fast 500 Jahre ist es her, dass Elisabeth Cruciger dieses Lied gedichtet hat. Bis heute gehört es zum Kanon des evangelischen Gesangbuchs. Alles, was wir der

Reformation an neuen Einsichten verdanken, ist hier in fünf Strophen zum Ausdruck gebracht: in einer klaren, bildreichen Sprache, mit gedanklicher Präzision, die sich auf das Wesentliche konzentriert. Man erkennt die Predigerin Elisabeth Cruciger in diesem Lied: Man spürt ihren Wunsch, diesen Glauben, der ihr so viel bedeutet, andern Menschen nahe zu bringen. Ihr Lied erinnert an die Frauenmystik in den mittelalterlichen Klöstern. Aber es hat die gedankliche Schärfe der Reformation. Lassen Sie uns die Strophen 3-5 des Liedes singen.

Auch für andere Reformatorinnen war die Musik der Weg, um ihre Überzeugungen zu vermitteln. Da ihnen der Weg auf die Kanzel verwehrt war, nahmen sie die Musik zu Hilfe, um auf ihre Weise an der Reformation mitzuarbeiten. Christiana Cunrad schrieb ein Tauflied, das heute noch in unserm Gesangbuch steht. Magdalena Heymair schrieb für ihren Unterricht Kinderlieder, die heute nicht mehr gesungen werden, die aber damals in ganz Süddeutschland bekannt waren. Und Katharina Zell gab ein Liederbuch heraus, das den Glaubensflüchtlingen in Straßburg Trost geben sollte – ganz gleich, welcher Konfession sie angehörten.

Katharina Zell war es auch, die sich trotz aller Widerstände das Recht nahm zu predigen. Als ihr Mann starb, hielt sie die Predigt an seinem Grab. Und als sich alle lutherischen Pastoren Straßburgs weigerten, zwei Frauen aus dem Umfeld der Schwärmer zu beerdigen, übernahm Katharina Zell auch hier die Trauerpredigt. Matthäus Zell nannte seine Frau manchmal liebevoll „mein Hilfsprediger“. Darin steckt ein Stück Respekt davor, dass seine Frau imstande war, das Wort Gottes zu verkündigen.

Ich möchte mit einem weiteren Frauenlied aus dem Gesangbuch enden. „Bis hierher hat mich Gott gebracht“ – dieses Lied hat Ämilie Juliane von Schwarzburg-Rudolstadt geschrieben. Sie hatte den 30jährigen Krieg als Kind miterlebt und war dadurch Waise geworden. Als Landesmutter hat sie später Flüchtlinge bei sich aufgenommen und eine Stiftung für Mädchenschulen gegründet.

Bis hierher hat mich Gott gebracht – das ist eine gute Perspektive, wenn es um die Frauenfrage geht. Es geht darum, dass man nicht zur Heldin wird. Ich stehe hier, an meinem Platz, weil Gott es so will. Ich stehe hier, mit allem, was mir gelingt und was mir nicht gelingt. Es ist noch nicht alles getan – auch da ist Gott bei mir. Und ich kann mich mit allem, was ich rede und tue, seiner schöpferischen Kraft anvertrauen. So wie die Autorin des Liedes selbst. Sie war als Landesmutter unermütlich und ungemütlich. Jeden Tag schrieb sie lange Listen damit, was sie noch alles zu tun hatte. Ganz zum Schluss schrieb sie über jede Liste: „In Jesu Namen“. Eine kleine Rückversicherung – mitten im Alltag. Ja: Auf Jesus Christus kommt es an. Aber auch der Stolz: Ich darf das sagen! Ja: Unser Glaube zählt. Die Worte, die wir Frauen für unsern Glauben finden, zählen. Das, was wir erfahren haben, zählt: Es ist unverzichtbar für den Glauben unserer Gemeinde und unserer Kirche. Verlassen wir uns auf die Kraft, die wir haben. Gehen wir den Weg, den wir sehen. Suchen wir die Unterstützung der Menschen neben uns. Die Reformatorinnen sind das beste Beispiel dafür, dass das ein guter Weg ist - ein Weg unter Gottes Segen. Amen.

Endlichkeit und Lebenskunst

Predigt über 1. Korinther 7,29-31, am 20. Sonntag nach Trinitatis

Liebe Gemeinde! Der heutige Predigttext ist eine Zumutung. Es ist ein anstrengender Text. Aber er ist auch eine Zu-Mutung im besten Sinne des Wortes. Er fordert uns heraus – und es kann sein, dass wir ein Stück mutiger werden, wenn wir uns auf seine Worte einlassen. Der Apostel Paulus schreibt im 1. Brief an die Gemeinde in Korinth:

Das sage ich euch aber, liebe Geschwister im Glauben: Die Zeit ist kurz. In Zukunft sollen auch die, die Frauen haben, so sein, als hätten sie keine. Und die weinen, sollen sein, als weinten sie nicht. Und die sich freuen, so als freuten sie sich nicht. Und die kaufen, als behielten sie es nicht. Und die diese Welt gebrauchen, als brauchten sie sie nicht. Denn das Wesen der Welt vergeht.

Diese Worte sind eine Zumutung. Und man darf sich durchaus auch erst einmal darüber ärgern: Soll ich etwa alles, was mir ans Herz gewachsen ist, ausreißen? Soll ich das, was mir wichtig ist, klein machen - weil es da unsichtbar etwas Größeres gibt? Soll ich etwa zu den Menschen, die ich liebe, sagen: Der liebe Gott kommt bei mir noch vor dir? Wie in dem Kindergebet: „Ich bin klein, mein Herz ist rein, soll niemand drin wohnen als Jesus allein“?

Wenn das Herz voller Liebe zu Gott ist: Sollen wir dann für die Menschen ein Schild aufstellen: Zutritt wegen Überfüllung nicht möglich? Das kann nicht gemeint sein. Es wäre ein Denken aus Mangel, bei dem ich mich entscheiden muss, wen ich lieber habe: Gott oder die Menschen. Am Ende hätten wir eine verdrehte Welt, wenn wir Menschenliebe gegen Gottesliebe ausspielen würden. Wir hätten dann wenig verstanden von Gottes Liebe, von ihrer Zeichenhaftigkeit und ihrem Geheimnis. Wenn Gott wirklich ein Gott der Liebe ist, dann ist er in unserm Lieben gegenwärtig, mitten im Glück und auch da, wo wir an unsere Grenzen stoßen. Eine glückliche Ehe ist auch ein Bekenntnis: zu dem Schöpfer, der zwei Menschen füreinander geschaffen hat.

Wenn Paulus sagt: „Wir sollen haben, als hätten wir nicht“, dann geht es nicht darum, die Liebe der Menschen zueinander in Frage zu stellen. Es geht auch nicht darum, dass wir nur hinter vorgehaltener Hand lachen oder nur im stillen Kämmerlein weinen dürften. Oder dass wir uns nur mit Schuldgefühlen unsern Platz in der Welt erobern dürften. Das wäre ein verkrampfter Glaube.

Es geht um etwas anderes – um eine Frage, die Paulus angesichts der Vergänglichkeit des Lebens stellt: Das Streben nach Glück – welchen Stellenwert hat das für uns? Wie viel tun wir dafür, um glücklich zu sein? Wie absolut sind wir mit unserm Anspruch, immer und in jedem Fall glücklich zu sein?

Wenn die Zeit kurz ist, wie Paulus schreibt, dann erscheint auf einmal vieles in einem andern Licht. Vielleicht weint man anders, wenn man merkt: Die Zeit ist kurz. Vielleicht lacht man anders. Vielleicht kauft man anders ein und steht anders da in der Welt. Vielleicht empfindet man auch die Bindung an einen andern Menschen anders.

Zu wissen: Meine Zeit ist begrenzt – das kann klug machen. „Haben, als hätte man nicht“: Das könnte ein Stück Lebenskunst sein. Man könnte ein Bewusstsein der eigenen Endlichkeit gewinnen, das einen nicht quält, sondern bereichert. „Haben als hätte man nicht“: Das wäre ein wichtiger Gegen-Satz, ein Einspruch gegen die ständige Aufforderung: Mach das Beste draus! Denn dieser Satz kann etwas Rücksichtsloses haben. Er nimmt keine Rücksicht auf unsere Sterblichkeit, darauf, dass unser Leben vergänglich ist und sich nicht bis ins Letzte optimieren lässt. Da ist es geradezu weise, wenn Paulus uns rät: Wir sollen diese Welt gebrauchen, als brauchten wir sie nicht.

Trotzdem, das versteht sich nicht von selbst. In den Worten von Paulus liegt eine echte Zumutung, etwas für weltliches Denken Anstößiges. Ich möchte Ihnen von einer Begegnung erzählen, die mir hilft, die Zumutung dieser Worte besser zu verstehen.

Warendorf ist eine kleine Stadt im Münsterland, mit etwa 40.000 Einwohnern, vom Katholizismus geprägt. Jedes Jahr am Wochenende nach Mariä Himmelfahrt (15. August) verwandelt sich die Stadt in einen Wallfahrtsort. An neun Plätzen in der Stadt werden Triumpfbögen aufgebaut, für Maria, die Mutter von Jesus. An jedem Bogen steht eine Blaskapelle und spielt Marienlieder. Sonst ist es ruhig in der Stadt. Die Kirmes ist vor die Tore der Stadt verbannt und darf erst ab 23 Uhr Musik spielen. Ein stiller Zug von Menschen schiebt sich durch die Straßen und Gassen in der einbrechenden Dunkelheit. Rote Lampions brennen an den Häusern. Die Kirchen sind geöffnet, Kerzen werden angezündet. Alle Geschäfte bis auf wenige Ausnahmen haben die Beleuchtung ausgeschaltet. Man sieht keine Reklame. Nur da, wo in den Schaufenstern eine Marienfigur aufgestellt ist, brennt ein Licht.

Haben als hätte man nicht. Sich ausklinken aus der Welt mit ihren Statussorgen. Es ist mutig, eine ganze Stadt für ein Wochenende aus der Betriebsamkeit des Kaufens und Konsumierens herauszunehmen. Für manche Geschäftsleute mag es eine Zumutung sein. Die Gastronome dürfen an diesem Tag keine Tische und Stühle auf die Straße stellen. Das sorgt im Vorfeld immer wieder für Streit. Aber die Reklame bleibt aus, der Gottesmutter zuliebe. Man ist still und schaut. Ein tiefer Frieden liegt über der Stadt - als wäre sie Teil einer überirdischen Welt. Die Welt gebrauchen, als brauchte man sie nicht. Um diesen Mut geht es.

In unserm Predigttext für heute finde ich mein Erlebnis in Warendorf wieder. Paulus mutet uns zu, über die Welt und ihre Möglichkeiten hinauszudenken. Er mutet uns zu, etwas anderes wichtiger zu nehmen als unsere eigenen Bedürfnisse. Er mutet uns zu, dass wir Gottes Handeln in der Welt so ernst nehmen, dass wir unsere Aktivität daran ausrichten. Es geht nicht um religiöse Höchstleistungen. Haben als hätte man nicht: Diese Zumutung zielt auf unser alltägliches Leben. Auf die Probleme, die entstehen, wenn man in der Welt steht und sich gefangen sieht in Ansprüchen und Gewohnheiten, deren Geschichte verloren gegangen ist. Dann ist es gut, sich dieses Leitwort zu sagen: haben, als hätte man nicht. Damit man sein Leben wieder als

Geschenk sehen kann. Als Gottes Geschenk, das seinen Ursprung und sein Ziel jenseits unserer Wünsche und Vorstellungen hat.

Haben, als hätte man nicht: Das ist und bleibt eine Zumutung. Wir leben mit der Zumutung, Gott immer wieder unsern Vater zu nennen. Wir leben mit der Zumutung, ihn um das tägliche Brot zu bitten, obwohl wir genug zu essen haben. Wir leben mit der Zumutung, du zu ihm zu sagen und Tür an Tür mit großen Wünschen zu leben: Dein Reich komme. Dein Wille geschehe: Frieden auf Erden. Wenn wir uns auf diese Zumutung einlassen, entdecken wir, was uns trägt und hält. Ich wünsche Ihnen, dass Sie diese Zumutung annehmen können und sich immer wieder in einen Menschen verwandeln lassen, der auf Gott vertraut wie ein Kind. Amen.

Für das Gute gibt es kein Naturgesetz

Predigt über Jeremia 8,4-7, am Volkstrauertag

Liebe Gemeinde! Die Sonne geht auf. Erst färbt sich der Horizont rosa, dann fangen die Vögel an zu singen, und die Sonne schiebt sich Stück für Stück den Himmel hinauf. Das Wasser aus den Wiesen verdampft, ein Dunst legt sich über das Land. Als der Nebel verschwunden ist, steht die Sonne schon da, so hell, dass man ihr nicht mehr direkt ins Gesicht sehen kann. Aber man kann ihre Wärme spüren und weiß: Ein neuer Tag hat angefangen. Das neue-alte Licht scheint geheimnisvoll und belebend: Die Natur ist noch voller Geschichten. Mut und Phantasie stehen bereit wie eine zweite Haut, in die man nur zu schlüpfen braucht.

Der Morgen ist die Zeit des Aufbruchs. Wie weit kann ich heute gehen? Was werde ich alles erleben? An was für Grenzen werde ich wohl stoßen? Diese Fragen liegen noch vor einem und wollen gelebt werden. Wer solch einen Sonnenaufgang miterlebt, der sieht die Welt voller Möglichkeiten. Der spürt den Aufschwung der Seele wie ein Naturgesetz. Es muss doch alles gut werden! Wie könnte es anders sein? Ein Blick auf den Horizont, und man ahnt die Freiheit, die uns Menschen geschenkt ist. Ist das nicht wunderbar? Können wir nicht so viel Gutes auf den Weg bringen, in den anbrechenden Tag hinein?

Der Prophet Jeremia war durchaus in der Lage, die Welt so zu sehen: als eine Welt, die vom Sonnenaufgang bestimmt wird und in der die Menschen das Gute, das sie sehen, auch tun. Jeremia war ein Bote Gottes und hat sich Gott nahe gefühlt, im Glück und im Unglück. Für ihn war klar: Gott hat den Menschen seine Gebote ins Herz geschrieben, selbstständig, mit eigener Hand. Gott hat sich dem Menschen bis in die sinnliche Wahrnehmung hinein vertraut gemacht. So dass die Menschen gar nicht anders können, als Gottes Geboten zu vertrauen und sich zu Herzen zu nehmen.

Schweren Herzens musste Jeremia jedoch später einsehen, dass es solch ein Naturgesetz im Menschen nicht gibt. Menschen haben kein Gesetz im Herz, das ihnen sagt, wo der richtige Weg für sie ist. Und was sie tun müssen, damit das Leben mit anderen gelingt. Sie müssen sich selbst entscheiden. Und oft genug entscheiden sie falsch. Zum eigenen Schaden und zum Leidwesen der anderen.

So lesen wir dann im Buch des Jeremia im 8. Kapitel die traurigen Worte: „So spricht der Herr: Wo ist jemand, der, wenn er fällt, nicht gern wieder aufstünde? Wo ist jemand, der, wenn er irregeht, nicht gern wieder zurechtkäme? Warum will denn dieses Volk zu Jerusalem irregehen, immer wieder? Sie halten so fest am falschen Gottesdienst, dass sie nicht umkehren wollen. Ich sehe und höre, dass sie nicht die Wahrheit reden. Es gibt niemand, dem seine Bosheit leid wäre und der spräche: Was habe ich doch getan! Sie laufen alle ihren Lauf wie ein Hengst, der in die Schlacht dahinstürmt. Der Storch unter dem Himmel weiß seine Zeit, Taube, Kranich und Schwalbe halten die Zeit ein, in der sie wiederkommen sollen; aber mein Volk will das Recht des Herrn nicht wissen."

Das ist unser Predigttext für heute: ein Blick in Gottes trauriges Herz. Man muss sich den Schöpfer der Welt in seiner Traurigkeit einmal so vorstellen, wie Jeremia ihn sich vorgestellt hat. Die Naturgesetze funktionieren. Zuverlässig finden Störche, Kraniche und Schwalben ihren Weg. Aber ob das eine gute Idee war, den Menschen so viel Freiheit zu überantworten? Ob sich Gottes Wunsch wohl gelohnt hat: im Menschen ein Gegenüber zu finden, ein Ebenbild, ein Wesen von seinesgleichen, mit Freiheit und Würde ausgestattet? Die Naturgesetze wirken – aber im Menschen gibt es kein Gesetz, das ihn zum Guten führt. Es gibt keinen Automatismus, dem wir nur folgen müssten, und alles wäre gut. Leichtigkeit zu haben ist schön, aber sich immer wieder für das Gute zu entscheiden – das ist alles andere als leicht.

Der Traum vom Fliegen-Wollen. Der Traum, die eigene Freiheit auszunutzen und sich bis zu den Grenzen des Lebens vorzuwagen. Das ist ein Menschheitstraum. Einfach abheben. Den eigenen Wünschen und der eigenen Kraft folgen. Bis zum Schluss. Wie wird dieser Traum wohl enden?

Eine griechische Sage erzählt von solch einem Flugversuch. Ikarus und Daidalos wurden auf der Insel Kreta von König Minos gefangen gehalten. Da Minos Land und

Wasser kontrollierte, erfand Daidalos Flügel für sich und seinen Sohn. Dazu machte er Federn mit Wachs an einem Gestänge fest. Vor dem Start schärfte Daidalos seinem Sohn ein, nicht zu hoch zu fliegen. Zuerst ging alles gut. Aber dann wurde Ikarus übermütig. Er flog immer höher, und es dauerte nicht lange, da schmolz das Wachs in der Hitze der Sonne. Die selbstgebauten Flügel lösten sich auf, und Ikarus stürzte in die Tiefe. Diese Geschichte endet in brutaler Zwangsläufigkeit. Das Wachs schmilzt in der Hitze, weil Ikarus zu nahe an die Sonne kommt. Das ist das Naturgesetz. Die Götter müssen sich noch nicht mal einmischen. Pech für Ikarus!

Was ist die Moral von der Geschichte? Jetzt bleib mal auf dem Teppich. Schuster, bleib bei deinen Leisten? Das Leben wäre die Hölle, wenn wir nicht die Möglichkeit zur Umkehr hätten. Wenn wir uns nicht anders entscheiden könnten, als wir uns immer schon entschieden haben. In der Bibel gibt es eine Gegengeschichte zu Ikarus, einen „Anti-Ikarus". In Psalm 139 lesen wir die Worte: „Nähme ich Flügel der Morgenröte und bliebe am äußersten Meer, so würde auch dort deine Hand mich führen und deine Rechte mich halten". Der Beter dieses Psalms hat eine andere Erfahrung gemacht als die, die hinter der Sage von Ikarus steht. Auch dieser Mensch bindet sich in der Phantasie Flügel um und hebt ab. Sein Ziel ist das Ende der Welt, da wo es unberechenbar und gefährlich wird. Das Meer mit seinen Wellen, der Wind, der einen antreibt, die Morgenröte, die alles in ein einzigartiges Licht taucht: Dieser Mensch wünscht sich Flügel, um sich dem allen auszusetzen. Und er stürzt nicht ab wie Ikarus. Der Aufbruch in das Neue und Unbekannte wird nicht bestraft. Dieser Mensch erfährt eine tiefe innere Gewissheit: Wo ich auch hinkomme – Gott ist bei mir. Er führt mich zu meinem Platz in der Welt. Und wenn ich falle, hält er mich. So nahe ist Gott mir. Ich darf umkehren, zurückgehen und neu anfangen. Immer wieder. Weil Gott mir die Freiheit lässt.

Am Ende aller Tage wird Gott sein letztes Wort über die Welt sprechen. Eine Vorstellung, mit der früher oft gedroht wurde und die Menschen auch heute noch Angst machen kann. Dabei geht es hier nicht um Abrechnung. Das Wort „Richterstuhl" hat im griechischen Urtext auch noch eine andere Bedeutung: Es kann auch „Tribüne“ oder „Rednerbühne“ heißen. Jesus wird Öffentlichkeit herstellen: Das ist damit gemeint. Die Welt in ihrer Schönheit und in ihrer Verdorbenheit wird noch einmal auf den Plan gerufen. Und der Anteil jedes einzelnen daran wird sichtbar werden. Für das letzte Urteil über die Menschheit wird kein extra Erzengel eingesetzt, noch nicht einmal der Schöpfer hat das letzte Wort – sondern das letzte Wort über die Menschen wird der Menschgewordene sprechen. Niemand anders als Jesus, der mit den Menschen durch Galiläa gezogen ist, der ihr Brot und ihre Sorgen geteilt hat.

Die Sonne geht auf. Erst färbt sich der Horizont rosa, dann fangen die Vögel an zu singen, und die Sonne schiebt sich Stück für Stück den Himmel hinauf. Das Wasser aus den Wiesen verdampft, ein Dunst legt sich über das Land. Als der Nebel verschwunden ist, steht die Sonne schon da, so hell, dass man ihr nicht mehr direkt ins Gesicht sehen kann. Aber man kann ihre Wärme spüren und weiß: Eine neue Zeit hat angefangen. Eine Zeit, in der Gott die Tränen abwischt. In der Hoffnung eine Sprache ist, die alle Menschen verstehen. In der Fliegen-Können nicht bestraft wird, und wo die Sintflut unterm Regenbogen endet. Eine Zeit ohne Not, Hass und Gewalt, wo Menschen beieinander bleiben und die Freude nicht aufhört. Ein neuer Morgen, in dem der Weltuntergang ein für alle Mal aufgehoben ist. Ich glaube, dieses Licht ist jetzt schon zu sehen. Amen.

Printed by Books on Demand GmbH, Norderstedt / Germany